UNE TECHNIQUE DE TRAVAIL SOCIAL AVEC DES GROUPES

LE MODÈLE DE MÉDIATION

CHEZ LE MEME EDITEUR

COLLECTION PRATIQUES SOCIALES
DIRIGÉE PAR CLAIRE REY

Lawrence Shulman

UNE TECHNIQUE DE TRAVAIL SOCIAL AVEC DES GROUPES

LE MODÈLE DE MÉDIATION

Traduit de l'américain par
Hélène MASSA et Jeannine KALMANOVITCH

LES ÉDITIONS E S F
17, rue Viète, 75017 PARIS

Cet ouvrage est la traduction du livre de L. SHULMAN
A CASEBOOK OF SOCIAL WORK WITH GROUPS :
THE MEDIATING MODEL
publié à New York (U.S.A.) en 1968, par le Council on Social Work Edu-
cation. © 1968. Council on Social Work Education. Library of Congress.
Catalog N° 68.59427

© *LES EDITIONS E S F* 1976 - ISBN 2.7101.0134.3

TABLE DES MATIERES

PREMIÈRE PARTIE
THÉORIE ET TECHNIQUES D'INTERACTION

DEUXIÈME PARTIE

RECUEIL ET ANALYSE DU MATÉRIEL

AVANT-PROPOS A L'ÉDITION FRANÇAISE

Tout travailleur social, dans l'exercice de ses fonctions, est sollicité par des personnes, et chaque jour davantage par des groupes qui attendent de lui une aide professionnelle.

Comment peut-il répondre à ces demandes ?

Au-delà des actions individuelles pratiquées habituellement, n'essaiera-t-il pas d'utiliser les méthodes de travail social de groupe ?

Ne lui faut-il pas une préparation spécifique ?

Quelle est l'efficacité de ce mode d'action ?

Telles sont les questions essentielles qui se posent aujourd'hui aux travailleurs sociaux, et par conséquent aux responsables des services. Ce mode d'intervention, jusqu'à présent peu développé, suscite chez les uns une appréhension à orienter en ce sens leur démarche professionnelle, chez les autres une certaine réticence à l'utiliser dans les services, ce qui est bien compréhensible en raison de l'insuffisance de leur information.

Cependant, chaque jour des travailleurs sociaux obtiennent des résultats notables dans leur pratique avec les groupes, et les participants expriment souvent ouvertement leur satisfaction des bénéfices qu'ils en retirent. Des groupes, aussi, manifestent leur intérêt et sollicitent une aide professionnelle qui leur permettrait d'acquérir les méthodes et les techniques dont ils ne sauraient se passer pour s'organiser et agir dans le champ social.

Seuls quelques ouvrages en langue française sur le travail social de groupe ont été édités à ce jour. Néanmoins certaines revues spécialisées en Belgique, au Canada*, en Suisse, en France ont déjà publié des articles originaux et des traductions sur ce sujet.

---

* Signalons notamment l'ouvrage de Simone PARÉ, **Groupe et Service Social** (1966) réédité en 1971, aux Presses de l'Université LAVAL. En outre, la Revue « Service Social » publiée par l'Ecole de Service Social, Québec, a consacré un numéro spécial « Sur le petit Groupe » en 1966 (Presses de l'Université LAVAL).

La littérature de langue anglaise, déjà abondante en ce domaine, s'est enrichie en 1968 de l'apport de l'ouvrage de Lawrence SHULMAN, *A casebook of social work with groups—the mediating model*, dont nous présentons ici la version française. Professeur à l'Ecole de Service Social de l'Université de Colombie Britannique (Vancouver, Canada), Lawrence SHULMAN était, au moment de l'élaboration de ce travail, professeur de stage à Rutgers University (New Jersey). Ce texte édité puis réédité par le Council on Social Work Education* est déjà traduit dans d'autres langues. L'outil de travail que propose Lawrence SHULMAN tire son intérêt tant pour les praticiens sur le terrain que pour les étudiants en service social et leurs enseignants du fait qu'il combine la théorie et la pratique.

L'auteur a divisé son ouvrage en deux parties. Dans l'une, il propose aux travailleurs sociaux de fonder leur action sur des bases théoriques et leur offre un appareil conceptuel permettant de mieux définir le « client** », qu'il s'agisse d'un individu, d'un groupe ou d'une institution... Le modèle*** de « processus d'aide professionnelle » auquel se réfère l'auteur est le modèle de médiation**** qu'il utilise tout au long de l'analyse détaillée d'un cas de travail social avec les groupes. Le travail professionnel en général « vise à servir de médiat au processus dans lequel sont engagés l'individu et la société, lorsqu'ils se cherchent l'un l'autre en raison de la nécessité qu'ils ressentent, l'un comme l'autre, de se réaliser ». Décrivant ensuite une série d'activités concrètes, les « tâches essentielles »*****, il débouche sur le concept de méthode de travail social.

---

* Le Council on Social Work Education, 345 East 46th Street, NEW YORK, N.Y. 10017, a pour but de maintenir et d'élever le niveau de l'enseignement du travail social et de la pratique professionnelle. Il accrédite les écoles de Service Social et s'assure de la qualité des enseignements et des programmes d'étude. Il organise des séminaires et des conférences sur des sujets d'actualité auxquels se confronte la pratique des travailleurs sociaux. Il effectue des recherches, édite des ouvrages professionnels et publie deux revues destinées à ses membres : Journal of Education for Social Work, et Social Work Education Reporter.

** Si « client » a usuellement en français une connotation commerciale, le terme est ici pris dans le sens de toute personne, groupe ou ensemble de personnes, institution, qui recourent au service professionnel d'un travailleur social. Le contrat travailleur social-client est très différent de la notion vendeur-client fondée sur un échange rémunéré.

*** Le terme est pris ici dans son sens général selon la définition du Dictionnaire ROBERT : « Représentation simplifiée d'un processus, d'un système ».

**** Modèle élaboré par W. SCHWARTZ, professeur de travail social de groupe à l'Ecole de Service Social de Columbia University à NEW YORK, U.S.A .

***** Ibid. W. SCHWARTZ.

Il présente ensuite une « liste des techniques d'interaction ». C'est l'inventaire très riche et nuancé des interactions au sein d'un groupe de travail social, un guide des modes d'intervention du praticien. De plus, c'est pour celui-ci un moyen qu'il peut utiliser pour que les résultats recherchés s'accordent avec ses prévisions.

L'autre partie de l'ouvrage est une suite de comptes rendus de réunion qui s'articulent autour des concepts du modèle de médiation. Ainsi sont illustrés : contrat, programme, développement de l'autonomie, système d'aide mutuelle, médiation d'un point de conflit, recherche de points communs... Ces concepts sont opératoires en ce qu'ils peuvent servir de base au travailleur social pour élaborer ses activités. C'est dans ce sens qu'il s'agit là d'un apport original important dont peut bénéficier tout travailleur social soucieux d'organiser en une théorie cohérente les principes de sa pratique professionnelle. Une question se pose : en Europe et particulièrement en France, est-il possible d'utiliser des modèles de pratique professionnelle mis au point Outre-Atlantique? Dans le domaine social où les modes de penser, de sentir, d'agir, et les interactions sont conditionnés par le contexte culturel et par l'environnement, c'est une interrogation à laquelle on ne peut échapper.

Des travailleurs sociaux : assistants sociaux, éducateurs et animateurs socio-culturels en formation continue en France ont expérimenté ce modèle dans leur pratique professionnelle et en ont tiré profit. Toutefois il reste à en évaluer scientifiquement les résultats.

Des étudiants en service social, comme ceux de l'Institut de Service Social et de Recherche Sociale à Montrouge, ou de l'Ecole Psychologique et Sociale à Clermont-Ferrand, ont, eux aussi, étudié ce modèle avec intérêt et ont pu l'intégrer à leur formation théorique et pratique. La raison n'en est-elle pas qu'ils ont découvert une pratique soustendue par un ensemble de concepts, ce qui exige des connaissances et des techniques d'action, et qu'ils ont pu constater que cette conceptualisation débouchait sur un processus concret d'aide professionnelle ?

On peut penser aussi que la définition de la notion de « client » dans le modèle de médiation facilitera la tâche du travailleur social, car, une fois le champ d'action précisé et circonscrit, la mise en œuvre de stratégies plus fructueuses sera grandement facilitée.

La réduction d'un contrôle « autoritaire » du travailleur social sur la personne, et la médiation favorisant l'autonomie sont aussi des incitations à une plus grande liberté de devenir : revendication bien connue de notre époque.

11

La valeur mobilisatrice de l'expérience vécue ensemble dans le « ici et maintenant » du groupe, l'accent mis sur l'égalité et la confiance à l'intérieur du groupe, l'importance accordée à l'expression des sentiments font partie aussi des idées et notions mieux acceptées aujourd'hui que naguère. Elles ont largement leur place dans ce modèle.

Il convient de rappeler que la notion de modèle contribue chaque jour davantage à aider celui qui conceptualise dans le champ social. Un modèle* est une création conceptuelle, destinée à résoudre un problème qui existe dans le monde réel au sein duquel nous cherchons à agir. Il contribue à mettre de l'ordre entre des éléments en rapport les uns avec les autres, et à leur donner une signification qui facilitera l'action et la prédiction. Les travailleurs sociaux peuvent disposer de trois modèles différents par leur description et par leurs objectifs, tous trois mis en forme par des théoriciens américains. Si la recherche de L. SHULMAN s'articule autour du modèle de médiation, celui-ci n'est cependant pas exclusif. Le modèle de traitement social, décrit en 1967 par R. VINTER et le modèle des buts sociaux proposé par H. WIENER s'adaptent à des besoins à caractère individuel pour l'un, collectif pour l'autre. L'avantage du modèle de médiation est de permettre une approche combinée qui associe des éléments de type individuel autant que collectif et repose sur la notion de système** : elle induit une pratique qu'on peut qualifier de générique.

La fonction centrale du modèle de traitement social, c'est le traitement*** de la personne. Le travailleur social formera un groupe avec ceux qui souffrent d'un fonctionnement inadéquat manifeste dans leurs relations personnelles, familiales et sociales. Sa fonction sera de contribuer au traitement de la personne par le moyen du groupe et dans son contexte, avec le souci permanent d'individualiser les problèmes. C'est en fonction de leurs effets sur chacun de ses membres

---

* Cf. L. KOGAN. **Social work research.** Edité par N.A. POLANSKY, the University of Chicago Press, 1960, p. 90.

** On peut considérer un système comme un ensemble d'éléments dynamiques en interaction, organisés en fonction d'un but. Selon G. HEARN, il y a :
a) des systèmes **réels** qui sont les systèmes vivants et non vivants, on peut les observer,
b) des systèmes **abstraits**, classes de comportement et de relation, on peut les induire à partir des systèmes réels,
c) des systèmes **conceptuels,** le type mathématique en est un exemple.

*** Ce terme est pris ici dans le sens de modification, transformation. De même qu'un « matériau » traité, tout en conservant sa qualité fondamentale prend une forme nouvelle qui lui permettra d'être utilisé différemment, de même la personne, après le « traitement » conserve son caractère et ses qualités propres, mais pourra fonctionner d'une autre manière.

que sont choisies et présentées les activités du groupe, pour atteindre l'objectif final qui est le changement individuel. Les moyens utilisés iront, des changements dans la structuration du groupe et dans son organisation, de la création d'une culture au sein du groupe en fonction de ses normes et de son système de valeurs, aux modes de décision. Tout ceci induira des interactions mobilisatrices en vue d'un changement individuel : le travailleur social sera l'agent du changement. On peut noter que ce modèle, apparenté au travail social individualisé, a facilité l'introduction du travail social de groupe dans la profession.

Les assises théoriques du modèle de buts sociaux ont été formulées récemment*. L'organisation de la société et l'orientation des valeurs sociales dans les petits groupes sont au centre des préoccupations auxquelles s'applique ce modèle. Le citoyen adhère au petit groupe dans le but de rechercher des changements sociaux. Dans cette entreprise, l'intervention du travailleur social consiste à renforcer une certaine forme de participation significative dans le courant social, par une adhésion à une cause commune, et à convertir la recherche de soi en contribution sociale. Pour lui, c'est aussi important que le développement des relations interpersonnelles. Les vues politiques particulières ne sont pas privilégiées. Pour les personnes du groupe, le travailleur social stimule et renforce des modes de conduite appropriés au citoyen qui veut travailler au changement social. Les activités du groupe tendent à la découverte de sa propre force, l'action sociale étant le résultat désiré. On utilisera comme stratégie la recherche des points vulnérables et les facteurs à mobiliser pour obtenir des changements. La conscience sociale et la responsabilité sociale en constituent les concepts clefs. Ce modèle peut aussi bien être utilisé dans un contexte communautaire qu'institutionnel, en fonction des besoins prioritaires d'ordre collectif qui s'y manifestent. Le modèle de médiation en travail social, qui est l'objet de cet ouvrage, est fondé sur la notion de système. Son auteur fait une analogie entre le système social et l'organisme vivant. Pour lui la fonction professionnelle du travailleur social est d'être médiateur dans l'engagement « client-organisme », quels que soient les clients ou les organismes, « son effort portant sur la réalisation de ce qu'il faut faire pour satisfaire leur intérêt mutuel fondamental ». Les principes de son action constituent pour le médiateur le cadre de référence constant, qu'il intervienne auprès d'une personne, d'un groupe ou d'un ensemble communautaire. Sa pratique est ainsi unifiée et générique.

* La conceptualisation de ce modèle trouve ses racines dans la pratique du travail social de groupe dès 1947.

Les techniques guident l'action. Elles sont vues comme des « techniques de vie », utilisables par tous et pas uniquement par des professionnels. Pour mener à bien les tâches spéciales qui découlent de sa fonction de médiateur, le travailleur social les rattache aux principes de la pratique du travail social.

Un des intérêts majeurs de l'ouvrage de L. SHULMAN est l'accent mis sur le savoir-faire du praticien en groupe, son processus d'action, sa méthode : sa « fonction en action ». Les rapports dans le groupe ou du groupe vers l'environnement deviennent plus explicites : comment le travailleur social mobilise-t-il ses connaissances pour articuler l'action et son contenu concret ? Comment se sert-il des techniques dont il dispose pour guider l'action et créer un savoir-faire adéquat ? Tout au long du livre, le lecteur sera nécessairement amené à s'interroger sur ses modes d'action, à les évaluer, à les remettre en question éventuellement, à en expérimenter de nouveaux, approfondissant et élargissant ainsi sa compétence.

Comment ne pas être persuadé que la qualité de notre pratique doit s'appuyer sur des connaissances, être soutenue par une compétence, et non pas reposer sur nos seules bonnes intentions ? Ceux qui agissent en comptant sur le pouvoir de leur propre intention n'ont-ils pas recours à la magie de leurs exhortations ? Quant à ceux qui ne fondent leur action que sur des intuitions, que dire de leur pratique toujours liée à leurs propres réactions, même si l'intuition a une place de choix dans le processus d'aide professionnelle ?

L'étendue des connaissances qui induisent un savoir-faire adéquat recouvre les sciences tant sociales, humaines, économiques, politiques que philosophiques, démographiques, administratives... Le travailleur social les utilise pour analyser, établir des liens entre les faits, se proposer des hypothèses de travail. Il s'engage personnellement dans son plan d'action, ses actes ; il en a la responsabilité et il doit en rendre compte. Ses prévisions doivent aller des modalités de l'insertion de son action à l'orientation de celle-ci pour le bénéfice de ceux avec qui il travaille. Il s'agit là d'une attitude scientifique favorisant la maîtrise du processus d'aide professionnelle. En général la recherche en sciences sociales et humaines fait apparaître singulièrement le problème de la continuité « science pure » - « science appliquée ». Cette question a été récemment évoquée par le groupe de travail réuni en 1972 par le Docteur Claude VEIL pour réfléchir sur les « perspectives de la contribution des sciences sociales et humaines au travail social dans les deux prochaines décennies »* ; le groupe avait

---

* Cf. **Sciences de l'homme et professions sociales**, P.U.F., 1969. Ouvrage publié sous la direction de S. CRAPUCHET aux Editions Privat, 1972, p. 20.

noté un hiatus dans le domaine du champ humain et social et suggérait une démarche inverse, « partir de la pratique, de ses nécessités, de ses contraintes, de son contexte ». Aller de la pratique à la théorie c'est trouver les liens, les concordances, les rapports, les généralisations, qui permettront de construire une théorie de la pratique. Inverser le passage comme il est suggéré, c'est-à-dire que ce soit le praticien qui fasse la collecte des données sur le terrain offre une chance de voir la solution de continuité disparaître.

Il convient de se référer aux réserves émises par Robert PAGÈS* sur la problématique : « science pure » - « science appliquée » : il remarque combien sont artificielles les recherches faites sur des groupes expérimentaux, du fait des différences d'une part entre les enjeux de ces groupes et ceux des groupes réels, d'autre part entre la nature de l'engagement des membres de ces deux types de groupe, les risques assumés, les changements produits. Tous ces phénomènes ne se situant pas sur les mêmes plans, il conclut à l'impossibilité d'extrapoler du groupe expérimental au groupe réel.

Le présent ouvrage incitera-t-il les travailleurs sociaux à entreprendre des recherches sur leur propre pratique ? Des modèles nouveaux pourraient naître de ces recherches et offrir au praticien des techniques encore plus appropriées.

L'apport de Lawrence SHULMAN ne saurait être décrit avec ses multiples facettes dans cette introduction. Contentons-nous de souligner que si l'auteur avait simplement réussi à démystifier le travail social avec des groupes — et nous pensons qu'il est allé bien au-delà — il aurait le très grand mérite d'ouvrir la voie à un type de travail encore peu pratiqué. L'utilisation du modèle de médiation, si elle nécessite un apprentissage, est cependant accessible aux travailleurs sociaux désireux d'apporter dans leurs relations professionnelles une nouvelle qualité à leur action.

Hélène MASSA
Assistante sociale.
Enseignante en Travail social.

---

* Cf. **La dynamique des groupes restreints.** D. ANZIEU et J.Y. MARTIN. 1969. P.U.F. p. 100.

INTRODUCTION

C'est sur le terrain que le stagiaire en service social se trouve confronté à la demande de service. Il travaillera, compte tenu des difficultés existantes, à fournir l'aide nécessaire, tout en recherchant la meilleure formule utilisable. Cette tâche sera simplifiée quelque peu si, à partir des principes de pratique, on peut constituer une théorie cohérente, capable de fournir un modèle du processus d'aide. Le modèle de médiation mis au point, pour la pratique du travail social, par le Docteur William SCHWARTZ, offre un soutien intellectuel de cet ordre.

Le présent ouvrage rapporte les efforts effectués, en ma qualité d'instructeur de stage, pour utiliser ce modèle comme cadre de référence au cours de mon travail avec une unité d'étudiants en travail de groupe. A mon avis, la division entre pratique d'une part et théorie de l'autre, la première enseignée en classe et la seconde sur le terrain, est artificielle ; en conséquence, la théorie de cette pratique a été enseignée sur le terrain, au fur et à mesure du développement professionnel des étudiants.

En premier lieu, ces étudiants avaient pour tâche le travail social avec les groupes. Au fur et à mesure qu'ils entraient plus avant dans leur pratique, leurs tâches s'étendaient et englobaient un travail avec des individus et avec la communauté institutionnelle dans son ensemble. Le modèle de médiation vise à être un concept « unitaire » de la pratique de travail social, un modèle qui puisse servir au travailleur social avec les individus, les groupes ou la communauté. En conséquence, je me suis efforcé d'appliquer le modèle à ces trois catégories. Les résultats de cette tentative sont présentés ici, bien que ce livre soit essentiellement centré sur les groupes.

— La première partie est consacrée d'abord à une investigation sur les origines théoriques de la pratique. Partant d'un travail de définition du client, on amène le travailleur social à dépasser les frontières de son groupe d'usagers, pour arriver au système plus large dans lequel il coexiste avec les membres du groupe. Sont exposées ensuite les hypothèses sur la nature de la relation entre l'individu et ses groupes. Proposition est faite d'une théorie de modèle de jeu, comme instru-

17

ment qui servira à comprendre cette interaction complexe. Ce chapitre se termine par l'examen de la nature du processus d'aide en général, et du modèle de médiation en tant que forme spécifique d'intervention.

Une théorie de la pratique sociale reste inopérante tant qu'elle n'est pas traduite par le travailleur social en mouvements distincts. Un choix d'actes de ce genre figure dans une liste de techniques interactionnelles, qui décrivent les façons dont un travailleur social remplit sa fonction. Les concepts sous-jacents à chaque technique sont exposés. Des exemples sont analysés, des citations renvoient au matériel des comptes rendus.

— Dans la deuxième partie, le lecteur trouvera les comptes rendus des réunions, tirés de la pratique des étudiants. L'organisation du matériel a été faite de telle sorte qu'on puisse suivre le client lorsqu'il travaille à une tâche particulière. Chaque chapitre comporte en introduction des informations préliminaires, et un exposé de cette tâche ; les chiffres renvoient à l'analyse des comptes rendus présentés.

Dans les extraits, on trouvera des exemples qui montrent les membres du groupe travaillant aux questions et tâches qui les préoccupent et qui les ont amenés à se rassembler. Ces exemples indiquent aussi la façon dont ils travaillent, et la relation entre le groupe lui-même, vu comme un tout, et son environnement. On pourra lire aussi des comptes rendus de travail avec des individus, ainsi qu'une description des efforts faits par les étudiants pour avoir un impact professionnel sur l'institution totale.

Le lieu où ce travail a été effectué est une institution médico-pédagogique publique* de 350 lits pour des adolescents plus ou moins retardés. C'est une communauté au sein d'une communauté ; elle dispose pour ceux qui y résident, de services éducatifs, professionnels, cliniques, et de loisirs.

La population est mixte, les jeunes sont internes, leur âge varie de 12 à 23 ans. L'institution s'est donné pour mission de former ces jeunes pour qu'ils acquièrent des compétences techniques, et un sentiment de sécurité, qui leur permettront de mener une vie indépendante à l'extérieur. La plupart de ces garçons et filles, en plus de leur retard, présentent des « problèmes existentiels » particuliers.

Bien que le travail décrit ait été effectué avec des adolescents en

---

* The Edward R. Johnston Training and Research Center, BORDENTDOWN, New Jersey.

institution, retardés légers, la méthode d'intervention serait la même dans tout autre cadre et avec n'importe quelle population. Ce qui peut changer, c'est la nature du problème sur lequel doit travailler le client, ses tâches. Le personnel de l'institution en question a également des problèmes spécifiques, inhérents aux aspects particuliers d'un travail avec une population mixte d'adolescents. Les pensionnaires ont à faire face à ce que représente pour eux le fait d'être « différents », mais ils doivent en plus affronter les mêmes problèmes que l'adolescent « normal » : l'avenir professionnel, les relations avec l'autre sexe, la prise de responsabilités...

Pour le personnel comme pour les pensionnaires, la nature même de l'établissement et de sa population suscitent des problèmes nombreux et particuliers. Il serait important que le travailleur social, dans ce cadre, ait une connaissance préalable des types de problèmes qu'affrontent généralement les adolescents, les enfants retardés, et le personnel en institution. Si le rôle du travailleur social est d'être un recours pour le client qui s'efforce de résoudre ses propres problèmes et si sa fonction est bien délimitée par une conception claire de ce rôle, alors les techniques (skill) et le cadre de référence de sa pratique professionnelle ne devraient pas changer avec l'institution.

---

* N. du T. — « Skill ». Ce terme vient du scandinave ancien. Il signifiait : rendre distinct, différencier. Virginie ROBINSON, dans son ouvrage **Training for skill in Social Work**, University of Pennsylvania Press, 1942 (pp. 11-12), lui donne la signification suivante : activité, aptitude à faire, qui, tout en se fondant sur le savoir, en est clairement distincte. Cette aptitude se développe à partir de l'établissement d'une relation qui entraîne la capacité de susciter un processus de changement, compte tenu expressément de la qualité et de la capacité de la personne. En agissant, le travailleur social acquiert un savoir-faire, et une compréhension qui lui permettront de travailler « avec » et non pas « contre », d'utiliser ce que l'auteur appelle « le matériau », c'est-à-dire la personne, sans faire violence à l'essence de sa nature.
Ce terme est fréquemment employé dans la littérature spécialisée de langue anglaise dans les sciences humaines et sociales, y compris en psychiatrie et en psychologie.
Dans l'ouvrage de N. BALINT, **Le défaut fondamental, aspects thérapeutiques de la régression,** publié en 1971, Paris, Payot, J. DUPONT et M. VILIKER notent p. 129 : « En français, habileté, adresse, dextérité, compétence, aptitude, qualification, savoir-faire, métier, art, pratique, etc. Nous l'avons généralement traduit par « habileté technique ».
Dans le présent ouvrage, le terme « skill » a été le plus souvent traduit par savoir-faire, compétence, techniques.

Première partie

THÉORIE ET TECHNIQUES D'INTERACTION

CHAPITRE 1

l'action :
ses bases théoriques
fondamentales

Dans sa pratique, tout travailleur social est guidé par un ensemble de concepts sous-jacents. On trouve dans ces concepts un certain nombre de notions relatives à la personne, à la catégorie du client ainsi qu'à la nature du processus que le travailleur social utilisera pour aider le client. C'est dans ces trois domaines que nous allons maintenant exposer quelques-uns des présupposés* qui constituent le fondement de la pratique. Celle-ci fera l'objet, plus loin, des chapitres présentant les comptes rendus et leur analyse.

● **DEFINITION DU CLIENT**

Il semble simple de reconnaître le client : il suffit de décrire l'individu ou le groupe auquel s'adresse le service. Bien que cette façon de le définir soit bien fondée, elle a pour résultat de restreindre le champ de l'aide. Nous n'ignorons pas qu'une personne devenue cliente d'un service est entrée, de ce fait, dans un système complexe, et qu'elle sera profondément affectée par cette relation. Il nous faudra donc re-

---

* N. du T. — « Ce que l'on prend pour accordé au début d'une recherche... », d'après le **Vocabulaire Philosophique.** A. LALANDE, P.U.F., Paris, 1972.

chercher une définition plus large de ce qu'est le client, la théorie du système social nous fournit un cadre de référence pour cette recherche. Il convient ici de donner quelques définitions.

Systèmes

Ce que nous entendons par le terme « système », c'est un groupe d'objets inclus dans un champ délimité, chacun des objets ayant une fonction définie et une relation structurale avec les autres objets situés à l'intérieur des mêmes limites. Le complexe dans son entier est ainsi engagé dans un processus donné.

Ainsi, notre système solaire est inclus dans un champ délimité, l'arc imaginaire décrit par l'objet le plus éloigné faisant une révolution autour du soleil. Ces objets, les planètes, le soleil, etc., sont des objets qui ont des relations structurales — les formules mathématiques qui décrivent les mouvements de chacun — et des fonctions par lesquelles l'usage de la force de gravitation est mis en œuvre. Le système est engagé dans un processus où il maintient son équilibre et même, selon certains, son expansion continue.

Il serait possible d'utiliser une approche par systèmes pour décrire n'importe laquelle des fonctions physiologiques de l'homme. On pourrait analyser de la même manière les systèmes circulatoire, digestif ou neurologique. S'ils sont pris ensemble, ces systèmes constituent avec d'autres à un plus haut niveau, un système plus complexe, le corps humain.

Lorsque la théorie générale du système est appliquée à l'activité sociale des humains, elle est appelée la « théorie du système social ». Selon Gordon HEARN, un système social est « la disposition de personnes selon un certain ordre »*. La façon dont cette disposition se présente est la structure sociale. Le lien entre le processus social et la structure sociale, est constitué par la fonction. En d'autres termes, le processus, l'activité générale du système, est le produit du fonctionnement des personnes dans une structure ordonnée. La famille est un exemple d'un système social de base.

---

* Gordon HEARN, « Towards a unitary conception of social work practice », Communication présentée à la 4ᵉ Conférence annuelle des Etudiants en Travail Social, University of Washington, 1958, p. 10.

Modèle

Quand nous parlons de modèle, nous faisons allusion à une « représentation symbolique d'un phénomène perceptuel »*. HEARN décrit trois niveaux de modèles : a) figuratif, b) descriptif, c) abstrait ou mathématique. Il nous conseille de nous intéresser au second.

Pour déterminer un modèle ou représentation symbolique, pour les systèmes sociaux, il nous faut choisir une métaphore appropriée. Les deux métaphores habituellement utilisées sont l'organisme et la machine.

Après avoir examiné les propriétés du système humain et du système constitué d'organismes, HEARN a choisi l'organiciste comme celui qui convenait le mieux. On utilisera la structure, le fonctionnement et le processus de l'organisme comme modèle pour décrire des systèmes sociaux plus complexes.

Comme les divers niveaux des systèmes ont aussi bien des propriétés universelles que des propriétés uniques, « tout ce que nous supposons vrai à un niveau du système peut servir au moins d'hypothèse sur la nature des systèmes à tous les autres niveaux »**. Par exemple, la compréhension de l'organisme permet d'aboutir à des hypothèses sur la famille, et des présupposés sur la nature de la famille peuvent conduire à une plus grande compréhension de la communauté. HEARN a souligné ce qu'implique l'utilisation du système pour construire le noyau central d'une pratique générique. Il faut observer que la possibilité de développement d'un « processus de travail social universel » est renforcée d'autant plus que l'on se sert d'un cadre de référence commun, pour reconnaître le client :

S'il y a des principes qui s'appliquent aux systèmes organismiques*** en général, et si des individus, des groupes, des organisations et des communautés peuvent être considérés comme des systèmes de cet ordre, alors il est possible que ces principes considérés ensemble aient leur place dans une théorie unifiée de la pratique.

---

* Ibid.

** Gordon HEARN, « The general systems approach to the understanding of groups », **Health Education Monographs 14** (NEW YORK : Society of Public Health Educators, 1962), p. 67.

*** N. du T. — D'après le dictionnaire américain WEBSTER, le terme « organismic » est défini en anglais : « consisting caracterised by organism ». Nous maintenons le terme organismique pour faciliter la lecture du texte français. Le dictionnaire ROBERT définit organisme, en biologie : « ensemble des organes qui constitue un être vivant », et organisé : « qui est pourvu d'organe ».

Ils définiront alors un cadre commun de référence dans lequel on concevrait les individus, les groupes, les organisations et les communautés en tant que « clients », ou en tant que moyens par lesquels seraient rendus les services mis à la disposition des « clients »*.

Réciprocité de la relation

Le modèle organismique considère comme notion-clé qu'au sein d'un système, les objets ont un effet les uns sur les autres, sur un mode réciproque plutôt que comme réponse à un stimulus. Le psychologue social, George MEAD, dans son ouvrage *Esprit, Soi et Société*, écrit que « l'individu appartient à un système qui le détermine en partie et en même temps à un système qu'il détermine en partie — il appartient à deux systèmes en même temps, il est un individu social »**. William SCHWARTZ fait ressortir la réciprocité dans les relations quand il étudie le besoin de « réfléchir l'activité du travailleur social en soulignant qu'elle affecte et est affectée par l'activité des autres dans le système »***.

MEAD, quand il traite des relations humaines en général, et SCHWARTZ quand il se centre sur la relation d'aide, font remarquer l'un comme l'autre, qu'il n'est pas possible d'isoler et de comprendre une partie du système sans prendre en considération la fonction, la structure et le processus du système dans sa totalité. C'est de cette notion dont il s'agit, lorsqu'au cours d'une théorie familiale, l'enfant qui passe à l'acte est considéré comme l'un des symptômes d'une difficulté de relations dans le système familial, plutôt que simplement comme un problème distinct.

Répercussions dans la pratique de la façon de voir le système-client

Nous étudierons plus loin dans ce chapitre ce qu'implique la construction des systèmes sociaux et les concepts de réciprocité tels qu'ils jouent dans notre façon de comprendre le client et notre tentative pour l'aider. Nous nous intéressons présentement à la façon dont ils affectent la définition du client. Bien qu'il s'agisse ici d'un internat, les idées que nous avançons peuvent être étendues à d'autres systèmes.

---

* HEARN, op. cit., p. 67.
** Paul PFUETZE, **Self, society and existence.** NEW YORK : Harper and Brothers, 1954, p. 50.
*** William SCHWARTZ, « The social worker in the group », **Social Welfare Forum,** 1961, p. 159.

POLSKY et CLASTER ont fait une étude sur l'utilisation de la théorie des systèmes pour la compréhension d'une institution, et l'étude était centrée sur les relations adulte-adolescent*. En utilisant, pour examiner les divers rôles joués par le personnel, les quatre impératifs proposés par Talcott PARSONS, et leurs effets sur le processus qui se déroulait dans le pavillon, il était apparu clairement qu'on ne pouvait pas laisser de côté les forces exercées de l'extérieur du système pavillon, à savoir celles de l'administration. Les rôles pris par le personnel pour remplir des fonctions diverses, comme le rôle de policier, nécessaire pour jouer la fonction de contrôle, étaient déterminés, en grande partie, par ce qu'attendait explicitement et implicitement le personnel, suivant ce qui avait été établi par les superviseurs et les administrateurs. Voir le pavillon comme un système « fermé », non affecté par les autres « objets » dans le système institutionnel large, ce serait rendre impossible la compréhension de la dynamique de l'interaction personnel-résidant. La matière de ce livre illustre cette façon de voir le système client. Pour rendre cet exposé plus clair, voici, à titre d'exemple, le déroulement du travail d'un étudiant assistant social en première année.

L'étudiant a commencé un travail limité à l'étage du pavillon. Il a passé les trois premières semaines de son stage à faire une étude du système social de cette unité. Il a examiné les sous-groupes existant chez les pensionnaires de cet étage et ajouté ensuite à son étude celle de la relation avec le personnel pour compléter l'image du système pavillon. A mesure qu'il rencontrait les membres du personnel en dehors du pavillon, il poursuivait son étude. Il en arriva à une vision assez complexe de l'institution. Avant de terminer son année, il aurait eu des raisons pour intervenir non seulement à chaque niveau du système qu'il avait examiné, mais aussi dans l'optique de plusieurs niveaux.

L'étudiant commença à offrir ses services à un des groupes qu'il avait identifié à l'étage. *Ce fut son système client primaire.* En travaillant avec le groupe, il apparut que les conflits avec le personnel étaient sans cesse manifestés : le groupe était constitué en fait par les garçons les plus agressifs de l'institution. Il se resitua entre le groupe et le personnel et offrit d'être médiateur dans leurs conflits (le rôle de médiateur est décrit plus complètement dans la troisième partie de ce chapitre). Sa tâche s'est étendue car il a maintenant une réunion hebdomadaire avec un système nouveau et plus complexe : son grou-

---

* Howard POLSKY et Daniel CLASTER, « The structure and functions of adult youth systems », communication faite à l'Université d'Oklahoma, 5e Symposium de Psychologie, 1964, p. 5.

pe primaire et le membre du personnel responsable des activités. A partir du travail de l'étudiant avec son groupe primaire et les autres personnes de l'étage, ont émergé des tâches à court terme et à long terme. En voici quelques exemples :

a) un pensionnaire extérieur au groupe demanda à être aidé car il avait un problème dans le domaine professionnel ; b) quand le groupe a eu besoin de fonds pour financer certaines de ses activités, il l'a aidé à travailler avec le service de la formation professionnelle pour tenter d'instituer un programme de travail à temps partiel ; c) une fois par mois, il travaillait avec son groupe qui organisait des activités mixtes avec les filles invitées ; d) il assista un membre du groupe qui se trouvait en conflit avec son superviseur à propos de son travail.

Dans chacune de ces situations, l'étudiant se resituait dans la perspective du nouveau système client créé par le problème du moment (la tâche).

A mesure que la médiation entre le groupe primaire et le personnel du pavillon se déroulait, il apparut clairement à l'étudiant qu'il n'avait pas un contact adéquat avec le personnel du pavillon. Il eut alors pour tâche d'instituer des réunions régulières avec les membres du personnel. Ce groupe était différent des autres groupes avec lesquels il travaillait ; il ne s'agissait pas d'un groupe travailleur social-client, les membres du personnel n'avaient pas demandé son aide. L'étudiant agissait en tant que membre d'un système plutôt qu'en travailleur social à l'intérieur d'un système. Il avait identifié un obstacle (des communications insuffisantes) dans l'opération du système dont il était une partie (groupe primaire-travailleur social-personnel) et avait cherché à faire face à cet obstacle en réalisant ouvertement des changements dans la structure des systèmes, par des efforts directs de communication avec le personnel. En faisant cette démarche, et en travaillant avec le groupe des membres du personnel, il agissait comme un professionnel essayant d'avoir un impact constructif sur un système dans lequel il était actif. Le même rôle se retrouve quand il participait avec ses camarades, étudiants comme lui, à un projet avec le système total : le personnel. La description en est donnée dans le chapitre 6.

Qui était le client pour cet étudiant ? Pour l'auteur de cet ouvrage, c'est le système institutionnel total. Cette réponse est possible parce que le terme « client » n'est pas utilisé dans son sens habituel comme partie du complexe travailleur social-client. Il est utilisé dans un sens large, relié au problème plutôt qu'à la relation d'aide. De cette façon, le système institutionnel dans son entier (et même au-delà de cette frontière à certains moments), le personnel, les pensionnaires et les étudiants en travail social, deviennent une partie du système client élargi. Quoiqu'ils aient des fonctions largement différentes, tous les segments du système ont un certain rôle à jouer dans le traitement de ces problèmes. Compte tenu de cette vue élargie, on peut éliminer les frontières artificielles souvent utilisées pour délimiter le système client.

● LA NATURE DU CLIENT - QUELQUES HYPOTHESES

L'engagement individu-société

Quand nous essayons de comprendre la nature du client, ce que nous étudions n'est pas une entité distincte, mais un individu dynamique, en interaction constante avec sa culture, dynamique elle aussi. Ce qui nous importe, ce n'est pas tant ce qu'est le client, mais la façon dont il évolue, au sein du monde en évolution dans lequel il baigne. Il nous faut commencer par quelques hypothèses sur la nature de la relation individu-société.

L'hypothèse centrale sur laquelle repose le modèle de médiation, est celle de l'interdépendance individu-société.

très important

SCHWARTZ l'a décrite ainsi :

> « ... une relation entre l'individu et son groupe nourricier que nous décririons comme « symbiotique », chacun ayant besoin de l'autre pour vivre et se développer, chacun allant vers l'autre, utilisant toute la force qu'il peut avoir à sa disposition à un moment donné. »*

Cet énoncé général s'appliquerait à tous les systèmes humains à quelque niveau de complexité que ce soit. On présume que la relation « symbiotique » existe entre l'enfant et sa famille, le client et le service, le groupe et l'institution.

Ce concept n'est pas nouveau en travail social. PREY l'a décrit quand en 1942 il disait que « ... la sécurité collective et le pouvoir résident en fait dans la force des individus », et que les individus devraient être en mesure de se développer « ... afin que la satisfaction d'avoir le statut d'associé ou de vivre en interdépendance devienne réelle sans pour autant être séparée de l'individualité et de l'indépendance ni s'y

---

* SCHWARTZ, op. cit., p. 155.

opposer, mais bien au contraire s'inscrire comme l'une des faces de la même médaille »*.

On pourrait soutenir, en se référant à l'histoire de l'homme en général, que cette notion de relation symbiotique n'existe pas. A en juger par la guerre, la pauvreté, l'oppression, le crime, les émeutes et la discrimination, on pourrait croire que la relation destructive lui est inhérente. L'individu et sa société semblent être engagés dans un processus continuel où les tentatives faites pour maîtriser les impulsions destructives réussissent en partie. On peut noter de nombreux exemples où l'individu, avec sa tendance à l'« autonomie » et la société avec son exigence d'« hétéronomie »** entre en conflit direct.

Ce genre d'objection vient de ce que l'on confond au départ le postulat d'une relation symbiotique et le degré auquel il est réalisé.

Les lignes de cette interdépendance existent, que l'individu ou sa société les reconnaissent ou non. SCHWARTZ note que les complexités croissantes de la vie rendent souvent cette symbiose diffuse. A cause de cela, l'individu ne perçoit pas ce qui est en jeu pour lui dans le bien commun. Le conflit autonomie-hétéronomie est aggravé lorsque l'individu perd de vue son propre intérêt dans une société bien ordonnée, et que la société reste aveugle aux contributions des individus autonomes, capables d'assumer leurs responsabilités. C'est précisément l'existence de cette « diffusion symbiotique » et les conflits qui en résultent, qui créent la demande faite à la profession sociale, celle d'aider l'individu en évolution dynamique, à rendre effectif leur besoin l'un de l'autre***.

Nous avons dit qu'on ne peut comprendre l'individu que dans son évolution dynamique et en rapport avec sa culture, et que la nature essentielle de cette relation est symbiotique. Si nous approfondissons ce domaine, nous devons approfondir l'idée du « soi ». Il faut orienter nos efforts sur la définition du « soi » pour qu'elle reste cohérente avec notre vue de l'homme, en tant qu'animal essentiellement social. Le psychologue et philosophe MEAD a suggéré une réponse à cette interrogation.

Le « Soi », d'après MEAD, comporte le « Je » et le « Moi ». Le « Je » serait les « impulsions » de l'individu (approximativement équivalent au « ça » de la théorie psychanalytique). Le « Moi » serait les façons de

---

* Kenneth PREY, **Social work in a revolutionnary age,** Jessie TAFT editor, PHILADELPHIA, University of Pennsylvania Press, 1949, p. 20.
** Thomas SZASZ, « The moral dilemma of psychiatry : autonomy or heteronomy », **The American Journal of Psychiatry** (december, 1963).
*** SCHWARTZ, op. cit., p. 155.

voir, intériorisées, de l'environnement social (approximativement équivalent au « sur moi »). Ce que nous appelons le « Soi » est, en réalité, ce qui ressort du « dialogue intérieur » entre le « Je » et le « Moi ». Selon cette vision de l'individu, nous sommes poussés à conclure que la façon dont l'individu s'exprime, en relation avec son environnement, a déjà subi une influence significative de la part de l'environnement qui avait été intériorisé. En conséquence, la pensée individuelle est alors un processus de l'interaction sociale. Le « Soi » pour MEAD est un « Soi social »*.

Partant de là, certaines directions s'imposent à ceux qui cherchent à accroître le savoir concernant ceux que nous cherchons à aider. Pour comprendre le client, il nous faut alors tenter de saisir ses mouvements au sein des systèmes, plutôt que d'élaborer des hypothèses abstraites sur la qualité de son « fonctionnement psychique ». Nous sommes à même alors d'éviter d'être pris dans le réseau de ces abstractions que représentent des termes tels que « individu sain », « famille saine » et « santé mentale ». Finalement, le bien universel, c'est l'état psychique ou interactionnel dont ces expressions impliquent l'existence.

L'argument que Thomas SZASZ oppose à l'utilisation du terme « maladie mentale »**, peut s'étendre à la plupart des expressions de ce type. Il pense que ce que nous appelons « maladie mentale » est, en réalité, un problème que le seul fait de vivre pose. Il note que, à l'exception de ces dysfonctionnements physiologiques connus, qui ont un effet sur le comportement, il n'est pas logique de placer les déviations du comportement dans la catégorie des maladies. Il ajoute que cette vue médicale de la déviation du comportement a un effet contraire sur le processus d'aide. Au centre de sa thèse, il y a entre autres idées, que ce qu'on appelle la « norme universelle », dans le domaine de la santé mentale, est en fait le système de valeur relatif au comportement de la majorité, imposé à une minorité.

Il est évident cependant qu'il existe des schémas de comportement identifiés qui, quoique n'étant pas universels, nous donnent cependant des indications concernant la conduite humaine en général. Nous sommes heureux de recueillir ces connaissances pour les utiliser, et être prêts ainsi à percevoir ces schémas, à voir s'ils existent et quand ils apparaissent. Il y a problème quand cette donnée revêt un aspect subjectif et qu'on qualifie alors la façon de vivre de « juste », « bonne » ou « saine ».

---

* PFUETZE, op. cit.
** Thomas SZASZ, **The myth of mental illness.** NEW YORK : Harper and Row, 1964. Traduction française. PAYOT, Paris 1975.

Si nous en restons à ce point de notre discussion, nous nous trouve-rons en présence d'un client qui est constamment engagé dans une forme d'interaction avec son environnement, même lorsqu'il se livre au processus solitaire de la pensée. Nous présumons que la nature essentielle de sa relation est « symbiotique », bien que les lignes de besoin réciproque soient souvent estompées. Tout en admettant les schémas de l'interaction humaine qui peuvent nous aider à compren-dre ses mouvements, nous rejetons l'idée que ces schémas représen-tent « les universels ». Nous nous intéressons à ce que le client fait et non à ce qu'il est.

Même s'il ne cherche qu'à comprendre les mouvements du client, c'est un effort difficile pour le travailleur social. La communication est une opération toute en finesse, et les schémas de relation peuvent être déformés par des manœuvres qui cachent leur vraie nature. Il faut que le travailleur social s'aide d'un modèle pour accomplir cette tâche. Le travail social — ainsi que la plupart des professions sociales d'aide — a utilisé traditionnellement un modèle psychanalytique qui fondamentalement s'applique au fonctionnement intrapsychique. S'ef-forcer de comprendre le comportement en fonction de la motivation de l'individu est ce qui constitue le cœur de ce modèle.

SZASZ a noté que, tout en étant importantes, les motivations ne sont pas suffisantes en elles-mêmes « pour expliquer la raison pour laquelle quelqu'un agit d'une certaine façon, à un moment donné »*. C'est pour combler cette lacune que SZASZ propose un jeu en guise de modèle, pour nous aider à mieux comprendre pour quelles raisons les gens sont enclins à se comporter habituellement de certaines façons. Dans ce qui suit, nous élaborons le modèle de jeu qui se fonde essentielle-ment sur le travail de SZASZ et de Eric BERNE**.

Une théorie du comportement selon le modèle de Jeu

Prendre un rôle et suivre des règles

Notre enfance nous a familiarisés avec les jeux, d'où l'avantage qu'il y a à utiliser la théorie du jeu pour faciliter la compréhension des schémas d'interaction entre les gens ; ces schémas sont complexes et souvent subtils. Des idées complexes, telles que « prendre un rôle » et « suivre une règle » sont plus faciles à comprendre dans le contexte d'un jeu qui nous est familier.

---

* Ibid., p. 168, trad. française, p. 161.
** SZASZ note que George MEAD a été le premier à avoir formulé clairement un modèle de jeu de comportement. Il s'appuie aussi sur les travaux de Robert PETERS sur les « règles », de Talcot PARSONS et Robert MERTON, qui ont développé l'an-cienne idée du « rôle social » et de Jean PIAGET, sur les jeux.

En football par exemple, on désigne à chacun son rôle, ou bien il le choisit : l'avant, le goal, etc. Il remplit alors les fonctions de ce rôle, telles qu'elles sont établies par convention. Il n'est nullement nécessaire de connaître les motivations ou l'histoire du joueur qui s'apprête à marquer un but, pour prévoir ce qu'il va faire. Le joueur qui va s'arrêter, prendre le ballon, dribler, agit en suivant les règles du jeu — « conventions réglant le comportement » —. Il apparaît donc clairement que, si on considère des interactions très structurées et bien définies, telles que certains sports ou des jeux d'enfant, une grande partie du comportement du participant peut être considérée selon une optique de l'homme qui fait de lui un animal qui « suit une règle » et qui « prend un rôle ».

La théorie du modèle de jeu implique que d'autres schémas d'interaction humaine plus subtils et difficiles à cerner, comportent aussi ces éléments : « suivre la règle » et « prendre un rôle ». Imaginons qu'on observe un schéma d'interaction sans être au courant des règles et des rôles. Nous nous heurterions alors pour le comprendre à une difficulté comparable à celle que rencontre celui qui assiste pour la première fois à un match de football.

Les conventions sociales nous édictent bien des règles que nous suivons et des rôles que nous assumons. Certaines sont codifiées dans le détail, l'étiquette par exemple. En adhérant à ces conventions, nous pouvons être sûrs d'avoir certaines idées générales sur notre mode de réaction à l'égard des autres et sur ce que nous pouvons en attendre en retour. Les problèmes surgissent lorsque, sans accord préalable, les règles sont modifiées ou lorsque nous ne sommes plus familiarisés avec les rôles tenus. Ainsi la déviance sociale serait le fait d'individus qui suivent leurs propres règles et jouent des rôles non conventionnels.

LES JEUX

Un jeu, suivant l'usage qu'on fait de ce terme dans la théorie du modèle de jeu, présente un schéma complexe d'interaction humaine, régi par un ensemble de règles ; dans le cadre ainsi formé les joueurs ou les participants assument sur un mode actif certains rôles, dans le but d'obtenir un « profit » caché. BERNE met l'accent sur ce « profit caché » quand il définit un jeu comme « ... le déroulement d'une série de transactions cachées, complémentaires, progressant vers un résultat bien défini, prévisible » et « une série de « coups » présentant un piège ou un « truc » »[*].

---

[*] Eric BERNE, **Games people play.** NEW YORK, Grove Press Inc., 1964, p. 48. Traduction française : **Des jeux et des hommes,** Stock, Paris, 1975, p. 50.

C'est ce profit caché qui distingue un jeu d'autres schémas d'interaction, régis par des règles et des rôles. Un exemple donné par BERNE pourra nous aider à comprendre : il s'agit d'un jeu habituel dans les familles. Prenons comme hypothèse le cas d'un conflit entre un frère et une sœur. Il se peut que la dispute se rapporte à des questions de domaines très divers tels que le choix d'un programme de télévision, la responsabilité de tâches ménagères, etc. Les deux camps sont incapables de résoudre le débat, et un parent s'en mêle. Nous voici devant la mise en scène d'un jeu classique dans l'enfance que BERNE appelle « le tribunal ». Les rôles deviennent immédiatement clairs lorsque le frère — le plaignant — présente son cas, la sœur — l'accusée — défend ses actes, et le parent — le juge — étudie la déposition.

Si, dans de tels cas, le parent — le juge — est enclin à favoriser le frère, on peut concevoir que le « profit » caché du frère dans ce jeu, n'est pas de gagner le « procès », mais en réalité d'obtenir l'appui du parent. Le frère va donc être de plus en plus régulièrement l'initiateur de ce jeu, le problème apparent n'étant qu'une simple excuse pour obtenir le profit réel. Pour le frère, la règle générale de ce jeu est celle-ci : si j'en arrive à un conflit avec mes pairs, je peux présenter le problème à quelqu'un qui a l'autorité et l'amener à prendre mon parti. Il est facile de voir comment ce jeu peut alors être joué dans d'autres situations, avec le professeur, le conseiller conjugal ou le travailleur social dans le rôle du juge. Il est très possible que le joueur ne soit pas conscient du jeu dans lequel il est engagé, des règles qu'il suit, ou du rôle qu'il joue. Cependant, il faut bien distinguer le fait de ne pas être conscient de ce que certaines actions impliquent, du fait de ne pas en être responsable. Selon l'auteur du présent ouvrage, l'homme choisit de suivre certaines règles et il joue certains rôles sur un mode actif, tout en recherchant certains profits cachés. Les choses ne lui arrivent pas tout simplement, il fait en sorte qu'elles se produisent.

SZASZ a étudié cette distinction entre « ce qui arrive » et « l'action »*. Il donne l'exemple d'un homme victime d'un accident de voiture qui le rend inconscient. Depuis le moment où il est accidenté jusqu'à ce qu'il arrive à l'hôpital, des choses lui « arrivent ». Puis quand il se réveille à l'hôpital, son idée du rôle de patient, rôle qu'il assume activement, peut expliquer une partie au moins de son comportement.

Un mot d'avertissement s'impose maintenant : en disant que l'homme est responsable de son comportement, l'auteur ne veut pas dire que cela implique que ce comportement n'est pas affecté quelque peu par

---

* C'est Robert PETERS qui a noté la distinction développée par SZASZ, entre « happening », ce qui arrive, et « l'action ».

des forces sociales. Les mesures stratégiques élaborées par un individu le sont habituellement en réponse à des exigences souvent pénibles provenant de son environnement social. Ce que l'auteur s'efforce de faire, c'est de souligner la part active que prend l'individu, qu'il s'en rende compte ou non, en étant à l'origine de la forme qu'aura éventuellement son engagement social. Selon l'expression de George KNELLER, il est « anxieux mais libre, désorienté, mais responsable »*.

def. de l'homme

En raison de ce point de vue sur la liberté et la responsabilité de l'homme, on peut considérer qu'il a la possibilité, quand il est conscient de ce comportement, de choisir de nouveaux rôles, de suivre des règles différentes, de parvenir à des relations interpersonnelles suivant des schémas « sans jeu ». Mais même s'il en est conscient, cela peut être une tâche très pénible et difficile.

LE JEU « QUI L'EMPORTE ? »

Bien qu'il ne puisse exister de vérités universelles concernant le comportement, certains schémas apparaissent, semble-t-il, constamment dans l'expérience vécue de l'homme. SZASZ désigne comme le conflit « domination-soumission », la lutte fréquemment observée dans l'interaction humaine, que nous appelons le jeu de « Qui l'emporte ? ».

C'est Jean PIAGET** qui a exposé l'idée que la domination de l'enfant par l'adulte est à l'origine de l'apparition de l'élément domination-soumission au cours des relations humaines, en contraste avec l'idée qui se fonderait sur l'égalité et la réciprocité. A mesure que les jeunes acquièrent de la maturité, ils sont enclins à considérer que les relations humaines n'offrent comme alternative que d'être « inférieur ou supérieur ». Il n'existe dans notre société que peu d'occasions d'apprendre les difficiles techniques nécessaires pour traiter avec les autres sur un pied d'égalité.

Très tôt, l'auteur a noté qu'on trouve des activités codifiées, comme l'échelle des insultes chez les jeunes adolescents, où chaque participant s'efforce de « rabaisser » l'autre en l'assommant avec une insulte dégradante. Ce jeu se pratique souvent devant un public enthousiaste. A mesure que nous devenons adulte, les façons de « rabaisser » deviennent plus élaborées mais n'en sont pas moins mordantes.

Nous présumons que le jeu de « Qui l'emporte ? » est un jeu crucial pour tout homme et que ce conflit se manifeste de maintes façons. Certaines

---

* George KNELLER, **Existensialism and education** (NEW YORK, John Wiley and Son, 1958), p. 27.
** Jean PIAGET, La formation du symbole chez l'enfant - **Imitation, jeu et rêve - Image et représentation.** Neuchâtel-Paris, Delachaux et Niestlé, 1945.

sont inoffensives, d'autres prennent des proportions tragiques quand elles font entrave à la faculté essentielle qu'a l'homme d'établir un contact social intime.

(annotation manuscrite : → déf. de l'homme)

L'INTIMITÉ

L'état d'intimité est, en partie, une relation franche et libre entre des gens, où l'on peut risquer le partage de sentiments réels. Les risques qu'implique l'état d'intimité sont nombreux. Il y a la peur que, quand les sentiments sont exprimés, l'individu devienne vulnérable et puisse être facilement blessé. La crainte du rejet et la perte d'une relation qu'on apprécie est un autre obstacle. Les sentiments d'intimité sont étroitement reliés à ceux de dépendance. Cela conduit souvent à redouter la soumission. Ainsi la lutte domination-soumission peut être étroitement mêlée à la trame d'une relation d'intimité.

L'individu est alors ambivalent. Il désire un contact intime, mais redoute la dépendance et la soumission qu'il associe à cette relation. Pour beaucoup, les jeux procurent un soulagement à leur embarras. Une relation d'intimité « sans jeu » reste au-delà de leur portée.

(annotation manuscrite : → VRAI)

Le jeu de « Qui l'emporte ? » a une signification particulière dans toute relation d'aide. SZASZ vise l'éthique de notre société qui associe le fait d'être faible, incapable et dépendant, à l'idée de recevoir de l'aide. On voit bien que quelqu'un cherchant de l'aide serait enclin à se sentir « inférieur ».

(annotation manuscrite : } société)

L'on peut expliquer ainsi que la situation d'aide soit un domaine particulièrement sensible. Lorsque nous nous demandons comment aider le client, il nous faut garder à l'esprit l'allégation de SZASZ, selon laquelle, dans les relations d'aide, celui qui aide représente une ressource disponible, « la source à laquelle on s'abreuve, plutôt que le pic qui domine ».

(annotation manuscrite : } relation d'aide)

● LE PROCESSUS D'AIDE : UN MODELE DE MEDIATION

Enoncé de la fonction du travailleur social

Le Docteur William SCHWARTZ, en élaborant le modèle de médiation, a créé un modèle théorique pour la pratique du travail social. Cette théorie a été publiée pour la première fois dans son article intitulé « Le travailleur social dans le groupe »*. A l'origine, cette présentation

---

* SCHWARTZ, op. cit.

se centrait sur le travail social avec les groupes, masquant ainsi son caractère générique. SCHWARTZ propose clairement un modèle professionnel de travail social qui puisse être applicable à tout client, qu'il se présente comme individu, groupe ou communauté. Toutefois le matériel qui suit sera d'abord et avant tout centré sur le travail social avec des groupes.

SCHWARTZ commence par définir sur le plan fonctionnel le travail professionnel, faisant référence au postulat de la relation « symbiotique » existant entre l'individu et sa culture « nourricière ».

Il propose que le travail professionnel en général « ... vise à servir de médiat au processus où sont engagés l'individu et la société, lorsqu'ils se cherchent l'un l'autre en raison de la nécessité qu'ils ressentent l'un comme l'autre de se réaliser »*. Puisqu'on suppose que la relation « symbiotique » existe dans chaque situation spécifique où il y a un engagement « individu-société » (client-organisme, membre-groupe, résident-institution), la fonction générale de médiation s'applique à chaque niveau.

Ainsi SCHWARTZ propose au travailleur social d'éviter de rechercher son identification professionnelle à partir des besoins de l'individu ou de ceux de la société.

D'après lui, son identification professionnelle découlerait du point de convergence de ces deux séries de besoins. Il propose que pour la profession « ce point stratégique... soit considéré comme une espèce de troisième force rendant effective l'identité d'intérêt fondamentale qui existe entre l'individu et son groupe... »**.

La fonction du travailleur social doit se limiter à la médiation pour la raison que la « diffusion » de son rôle empêcherait le client de voir en lui une ressource à utiliser. Il est difficile d'aider les parties en conflit à distinguer leurs bases communes à cause de la « diffusion » des lignes de la relation symbiotique. Cela devient plus compliqué si le rôle du travailleur social est lui aussi « diffus ».

Dans la mise en œuvre de cette fonction générale, de nombreux facteurs affecteront les mouvements du travailleur social. SCHWARTZ vise ici à rendre plus précis le facteur essentiel de l'identification professionnelle. Si le rôle est clair sur le plan général, « il nous est alors possible de dire que les mouvements du travailleur social, dans n'importe laquelle des relations spécifiques d'aide, révèlent certains éléments constants qui lui viennent de son identification professionnelle,

---

* Ibid., p. 154.
** Ibid., p. 156.

et certains éléments qui proviennent de son identification à l'organisme, et des situations dans lesquelles il opère »*.

Il est essentiel que ce point soit clair, en raison des critiques faites à ce modèle, selon lesquelles il verrait le client et le service en désaccord, et selon lesquelles il y aurait entre les deux un travailleur social déloyal. Ce que le modèle fait réellement, c'est de reconnaître qu'à certains moments, les complexités de l'engagement sont telles qu'il est difficile à l'organisme d'assurer ses services. Le client, lui aussi, peut avoir des difficultés à utiliser le service. C'est justement là que la fonction professionnelle du travailleur social, considérée dans une optique plus large, rend nécessaire sa médiation dans l'engagement entre le client et l'organisme. En œuvrant dans ce sens il s'identifie au service que rend l'organisme et au besoin du client, son effort portant sur la réalisation de ce qu'il faut faire pour satisfaire leur intérêt mutuel fondamental, qui peut être momentanément masqué.

La fonction du travailleur social dans le système-organisme est analogue à la fonction que l'organisme lui-même assume quand il est entre le client et la communauté. Lorsque le travailleur social exécute avec compétence une fonction qui aide à la fois l'organisme et le client, il ne sera pas perçu comme déloyal, ni par l'un ni par l'autre, mais plutôt comme un facteur important.

Le travail professionnel

Après avoir développé la proposition selon laquelle le travailleur social professionnel est chargé d'offrir sa médiation dans l'engagement « de l'individuel et du social », SCHWARTZ passe à l'étape suivante : il élabore en détail les activités spécifiques de cette vaste entreprise. Il propose d'employer le terme « tâche » pour décrire une série d'activités du travailleur social quel que soit le système-client. Il donne davantage d'importance aux « catégories d'activités qu'à de petites actions distinctes... »**.

Les cinq tâches essentielles qui constituent le concept de la méthode de travail social pour SCHWARTZ, sont les suivantes :

1. La tâche de recherche de la base commune existant entre la perception qu'a le client de son propre besoin et les divers facteurs de la demande sociale à laquelle il est confronté.

2. La tâche de déceler et d'affronter les obstacles masquant la base commune et faisant échouer les efforts de ceux qui cherchent à rendre

---

* Ibid., p. 254.
** Ibid., p. 157.

identiques leur intérêt personnel et celui des « autres significatifs » (« significant others »).

3. La tâche d'apporter des données, idées, faits, concepts de valeur, qui ne sont pas accessibles au client et qui peuvent s'avérer utiles pour celui-ci quand il s'efforce de faire face à l'aspect de la réalité sociale qui est en jeu dans les problèmes sur lesquels il travaille.

4. La tâche de « prêter sa propre vision des choses » au client ; là le travailleur social se manifeste comme celui dont les espoirs et les aspirations sont fortement investis dans l'interaction entre les gens et la société ; il se révèle aussi comme celui qui projette le sentiment très profond de ce que représente le bien-être individuel et le bien social.

5. La tâche de définir les exigences et les limites de la situation dans laquelle le système client s'inscrit. Ces règles et ces limites établissent le contexte pour « le contrat de travail » qui lie le client et l'organisme l'un à l'autre et qui crée les conditions dans lesquelles le client et le travailleur social assument leurs fonctions respectives*.

SCHWARTZ subdivise ensuite ces cinq tâches centrales en des activités regroupées par petits nombres. Son travail d'élaboration s'oriente vers le cas particulier du travail social avec les groupes. Pour illustrer ces tâches plus clairement, nous allons présenter l'exemple d'un travailleur social les mettant en œuvre au sein d'un groupe hypothétique. Une étude plus poussée sera présentée lors de la discussion des techniques d'interaction dans le chapitre suivant.

Lorsque dans notre postulat, le travailleur social rencontre son groupe pour la première fois, il essaie d'expliquer simplement et honnêtement ce que l'organisme met en jeu dans l'existence de ce groupe. Il peut alors faire ressortir ce qu'il considère être la base commune entre les membres du groupe et l'organisme. La possibilité leur est donnée de répondre en exprimant leurs points de vue sur les visées du groupe.

S'il existe bien cette base présumée commune entre la perception qu'ont les membres du groupe de leurs besoins et la manière dont l'organisme conçoit son service, les membres du groupe, l'organisme et le travailleur social auront alors établi leur « contrat ». Ce « contrat » servira de guide pour le travail qu'ils vont réaliser ensemble. Il est l'aboutissement d'une discussion franche. Il pourra être modifié de la même manière. Toutefois, tant qu'il existe, il sert à clarifier la nature du travail du groupe et à protéger ce travail de la « subver-

---

* Ibid.

sion », qu'elle vienne des membres du groupe, du travailleur social ou de l'organisme.

Quand l'objectif du groupe est clairement établi, les membres du groupe sont prêts à se mettre à travailler à leurs propres tâches.

Que leur objectif soit de planifier l'ensemble des programmes qui vont satisfaire leurs besoins (tels que des groupes de centres sociaux) ou de mettre en place la politique du service (tels que des conseils d'administration) ou de s'attaquer à des problèmes de vie, tels que ceux des enfants qui quittent l'école, ou d'autres catégories où il y a plusieurs objectifs associés, les membres du groupe peuvent commencer à apporter leurs idées, et à « s'atteler » ensemble pour atteindre l'objectif commun du groupe. La nature du travail étant ainsi clarifiée, le travailleur social va pouvoir apporter sa contribution, de « données, idées, faits, concepts de valeur », quand ils s'appliquent au travail de groupe.

Lorsque le groupe commence, la compétence la plus importante pour le travailleur social, c'est son habileté à « se mettre au diapason » de ce qui se passe. Il écoute pour voir si le groupe travaille ou ne travaille pas. Les membres du groupe peuvent être en train de travailler aux tâches délimitées dans le contrat, ou bien à la manière dont ils vont travailler en tant que groupe. S'il perçoit une tendance à l'évasion, c'est-à-dire que les membres du groupe ne travaillent pas à atteindre leurs objectifs, il essaiera de repérer ce qui fait obstacle à leurs efforts et de le combattre. Si par exemple, les membres du groupe ont à faire face à un tabou, un point sensible qu'ils évitent consciemment ou non, le travailleur social peut le leur faire remarquer et demander « une vraie discussion du groupe ». Grâce à la confiance qu'il a dans la capacité du groupe à s'offrir « mutuellement de l'aide », le travailleur social pourra, si les membres du groupe sont capables de réussir à collaborer, centrer ses efforts de façon à les aider à affronter les forces qui font obstruction à leur travail.

En outre, en posant la question « Travaillons-nous ? », le travailleur social demande aussi « Sur quoi travaillons-nous ? ». Des thèmes significatifs émergent d'une façon souvent subtile dans le groupe et sont immédiatement retirés. Il est difficile de parler de certaines questions qui alors, doivent être l'objet d'allusions et ne pas être soulevées directement. Une fois de plus, le travailleur social intervient pour identifier ces thèmes et aider les membres du groupe à les affronter.

Au fur et à mesure que le travailleur social exécute ses tâches, il devient un modèle pour les membres du groupe, qu'il le souhaite ou non. Qu'il protège le contrat de travail du groupe, qu'il manifeste sa confiance dans la capacité qu'a le groupe à offrir « une aide réciproque », qu'il fasse part de la compréhension qu'il a de la difficulté qu'affrontent les membres du groupe quand ils entreprennent leurs tâches, il « prête sa vision », que les membres du groupe sont libres de s'approprier ou de laisser. Quand le travail du groupe est achevé, le travailleur social aide les membres du groupe à mettre fin à leur collaboration et à se préparer à passer à de nouvelles expériences.

Le travail social avec la communauté institutionnelle et l'individu

Dans son exposé du modèle de médiation, SCHWARTZ s'est d'abord occupé de la situation de groupe. Pour que ce modèle serve de cadre théorique à la profession de travail social, il faut qu'il soit plus élaboré afin de fournir un guide fonctionnel quand le client est soit la communauté, soit un individu. L'auteur ne vise pas dans ce qui suit, à s'étendre sur ces guides, mais plutôt à donner quelques réflexions préliminaires qui l'ont aidé à satisfaire les exigences immédiates de la pratique. Quand les étudiants de cette unité travaillaient avec des groupes, ils ont été confrontés à la demande de service émanant des individus ainsi que de la communauté institutionnelle elle-même. Il fallait disposer d'une façon de voir ces systèmes pour que le modèle de médiation puisse être appliqué.

Quand on travaille avec la communauté, les avantages de l'optique - système social - apparaissent immédiatement. Si nous pouvons considérer un groupe comme un système social, la communauté peut être vue alors comme un système social plus complexe, à un plus haut niveau. Une institution (ou organisme) peut être placée à un certain niveau entre le petit groupe et la communauté.

Depuis que les institutions et les communautés peuvent être considérées comme des configurations de gens, il est plus facile de voir de quelle façon la fonction générale de « médiation de l'engagement individu-société » peut-être exécutée. Cet élément est examiné plus en détail dans le chapitre 6 de cet ouvrage, où l'on présente un cas d'application de ce modèle de pratique à une institution (une micro-communauté). Nous en venons maintenant à la question compliquée d'appliquer ce modèle de pratique au travail avec l'individu.

Nous pouvons commencer par poser deux ensembles généraux de conditions qui affectent le processus d'aide.

D'abord, les gens qui constituent la réalité sociale avec laquelle le client travaille, sont identifiables, accessibles et ouverts à l'intervention du travailleur social. En d'autres termes, « l'engagement individu-société » peut effectivement se produire, comme une partie du processus d'aide. Des exemples de ce phénomène qu'on trouve dans les dossiers d'observation, comportent les individus qui travaillent sur leur relation avec le sexe opposé. Dans d'autres exemples (qui ne se trouvent pas dans la collection d'observations), des individus ont affronté leurs conflits avec les superviseurs du secteur de travail et les moniteurs de pavillon. Dans chacune de ces situations, les personnes faisant partie de la réalité sociale individuelle étaient disponibles pour s'engager dans un dialogue avec lui. Les points de vue individuel et social étant représentés, la médiation est assez directe.

Voyons maintenant la seconde série de conditions où la réalité sociale de l'individu n'est pas disponible pour un engagement direct. Le client ne souhaite peut-être pas une confrontation directe, ou bien les autres parties du conflit ne souhaitent pas l'assistance du travailleur social. Dans ce type de situation, probablement le plus courant, comment un travailleur social est-il médiateur ?

Une réponse à ce dilemme peut résider dans l'idée de dialogue. C'est l'absence d'un dialogue direct individu-société, qui fait qu'il est difficile de concevoir que la médiation ait lieu. Une première étape serait d'identifier les dialogues qui se développent mais ne sont pas facilement perçus. L'auteur pense que dans n'importe quel contact d'aide existant entre deux personnes, il y a au moins trois niveaux de dialogue. Le premier est évident, c'est celui qui se situe entre le client et le travailleur social. Le second serait le dialogue entre le client et *sa* perception de sa réalité sociale. Le troisième et le plus complexe serait le dialogue interne, dans l'esprit du client, que nous appelons les pensées réflectives. Examinons-les brièvement.

• Dans le dialogue entre le travailleur social et le client, nous nous référons à cette partie de la conversation qui a pour objectif les termes et les conditions de leur relation. Cela peut-être direct et patent — comme dans la discussion de leur « contrat de travail » —, ou plus subtil — comme dans le jeu « Qui l'emporte ? » —. Le point en question, et la substance du dialogue, est ce qui arrive au moment même, entre le travailleur social et le client. Le travailleur social et le client deviennent l'objet social significatif pour l'autre.

• Le second niveau de dialogue se situe entre le client et *sa* perception de la réalité sociale. Il est impliqué dans un « engagement individu-société » dans lequel il est de chaque côté de la discussion et la façonne. Un exemple pourrait être celui-ci : J'essaie de travailler beaucoup et d'être bien avec Monsieur J..., seulement il s'en prend tout le temps à moi parce qu'il ne m'aime pas.

41

Le client oriente maintenant ses efforts pour résoudre ses problèmes dans la direction d'un objet social significatif dans son environnement. La situation d'aide devient une sorte de terrain d'épreuve où le client teste de nouveaux moyens qu'il élabore et essaie pour affronter son environnement.

• Le troisième niveau de dialogue et le plus complexe est celui qui comprend le processus de pensée réflectif. On peut être aidé dans ce domaine par certaines idées de MEAD. Dans un chapitre précédent, nous avons étudié le concept du « soi » selon MEAD, qui consiste en un « je » et un « moi ». Le « je » est la somme des impulsions individuelles et le « moi » est décrit comme les vues de l'individu sur son environnement, vues qu'il a intériorisées. Pour MEAD, la pensée réflective est un dialogue symbolique interne entre le « je » et le « moi ». Voici comment PFUETZE décrit le point de vue de MEAD :

> « Le processus de pensée, alors, est très analogue à celui où l'on parle à quelqu'un d'autre... Il (l'homme) pose des questions et leur répond, présente des arguments et les réfute, mais il ne fait pas cela à haute voix. »[*]

Si nous voyons la pensée réflective de cette façon, alors les efforts faits pour résoudre le problème du client dans une situation d'aide de personne à personne, peuvent viser, en partie, à rendre public un dialogue auparavant privé. L'individu exécute le processus de pensée réflective, habituellement privé, ouvertement, « ... processus de pensée réflective, d'analyse et de reconstruction ». Le processus d'aide, à ce niveau, pourrait être la médiation d'un nouveau débat public entre le « je » et le « moi » de l'individu.

Le travailleur social devrait être constamment en train de se réorienter au niveau spécifique où se situe le dialogue. Cela peut être une tâche difficile, car il n'y a pas de frontières nettes entre les niveaux et elles se chevauchent souvent. En dépit des difficultés en jeu, une clarification des niveaux de dialogues peut l'aider à mieux extraire le sens des communications complexes du client.

Conclusion

Dans sa façon d'exposer le modèle de médiation, SCHWARTZ offre un énoncé clair de la fonction du travailleur social. Formulé en termes d'action, comme un énoncé de fonction doit l'être, reconnaissant un « champ limité ou une influence limitée » — ce qui conduit à limiter

---

[*] PFUETZE, op. cit., p. 49.

raisonnablement ce qu'on attend de notre efficacité —, et respectant les valeurs de notre profession — auto-détermination, dignité individuelle, etc. — le modèle satisfait nombre de nos exigences.

En exposant en détail les tâches, SCHWARTZ fait ressortir que l'action se classe en grandes catégories. A propos de mouvements distincts, il dit que « bien que l'intérêt à l'égard d'actes spécifiques soit important, on ne peut réduire les unités d'activités au point de faire entrer les réponses du travailleur social soit dans des prescriptions automatiques, soit dans des problèmes de style et de techniques personnalisées »*.

Compte tenu de ce qui vient d'être exposé, nous abordons dans le chapitre qui suit les techniques d'interaction. Nous nous efforçons d'y décrire des mouvements précis plutôt que de les « prescrire ». C'est une collection de techniques, un inventaire des mouvements à la disposition du travailleur social qui peuvent être utilisés avec d'autres techniques en accord avec son propre style personnel.

---

* SCHWARTZ, op. cit., p. 157.

CHAPITRE 2

les techniques d'interaction

En effectuant son travail, il faut que le travailleur social traduise ses connaissances et son sens de l'objectif en interventions distinctes. C'est ce que nous appelons des techniques qui s'intègrent au canevas d'une pratique exercée avec compétence. Nous nous proposons dans ce chapitre de faire la liste d'un certain nombre de ces techniques et de les analyser.

Si nous qualifions ces techniques d'interactionnelles, c'est pour souligner que nous les employons dans un système dynamique, le système travailleur-client, où chaque participant a un effet sur l'autre et réciproquement. L'interaction est définie comme « une action ou une influence mutuelle et réciproque »* Si nous gardons cette définition à l'esprit, l'action du travailleur social ne peut être entendue comme une entité séparée, détachée de l'action du client qui a servi de stimulus.

On devrait considérer les techniques interactionnelles comme des techniques de vie à la disposition des professionnels aussi bien que des non-professionnels. Les actions du travailleur social que nous décrirons dans ce chapitre ne sont pas des actes mystérieux réservés au seul fonctionnement professionnel, mais des techniques que même les clients peuvent adopter pour leur propre usage. Lorsque le client

---

* **Webster's New Collegiate Dictionary,** SPRINGFIELD, Mass. : G. and C. Merriam Co., 1961, p. 438.

se rend compte que ces techniques peuvent s'appliquer à la vie courante, il va souvent les faire siennes. Dans ce sens, ce qui est inhérent à la pratique du travailleur social, ce ne sont pas les techniques spécifiques à l'exercice du travail social, mais le cadre de référence dans lequel elles sont employées. Il utilise ces techniques pour mener à bien les tâches *spécialisées* découlant de la fonction d'ensemble de médiateur, mais assumées en qualité de travailleur social, ce qui fait que sa pratique est bien du travail social dans le modèle de médiation. Souvent les clients utilisent aussi ces techniques, ainsi que ceux qui travaillent avec autrui, pour accomplir leurs propres tâches (moniteurs de pavillon, professeurs).

● **ORGANISATION ET METHODE**

En faisant le plan de ce chapitre, nous nous sommes efforcé de classer ces techniques, ce qui est bien sûr extrêmement difficile. Dans son essai de classification, SALOSHIN fait ressortir que « l'importance du problème de classification est proportionnelle à la complexité du matériel que l'on essaie d'analyser... » et que « la même activité du travailleur social peut servir des objectifs différents »*. En raison de la difficulté, notre tentative se limite à deux catégories.

Nous avons commencé à distinguer *les techniques cognitives* et *les techniques transitives.* Les techniques cognitives renvoient à « l'acte de connaissance »**. Tandis que d'après la définition du Webster, ce qui est transitif « exprime une action non limitée à l'agent ou au sujet, mais dirigée sur un objet »***. Ainsi une *technique cognitive* peut être, par exemple, d'interpréter une donnée verbale qui explique le comportement. L'action orientée vers le client, par exemple la recherche de faits, est une *technique transitive.* Et il sera essentiel au travailleur social d'avoir à sa disposition les techniques cognitives pour choisir l'acte transitif qui convient à la situation.
Il peut être important de faire cette distinction, car on parle parfois des techniques cognitives qui, en elles-mêmes, n'ont pas d'impact direct sur le client, comme si elles étaient transitives par nature. Un surveillant de pavillon a rapporté l'incident suivant : un jeune homme

---

* Henriette SALOSHIN, **Development of an instrument for the analysis of the social group work method in therapeutic settings** (University of MINNESOTA, Ph. D. Thèse, 1959), p. 37.
** Webster's, op. cit., p. 204.
*** Ibid., p. 905.

l'avait accablé d'insultes et avait tenté de l'attaquer. Au cours de la discussion du cas avec le travailleur social, le surveillant demanda comment il pourrait contenir ce type de débordement, si cela se présentait à nouveau. Le travailleur social lui fit part de certaines informations concernant le contexte familial de l'adolescent. Il décrivit ensuite son type de comportement dans l'institution et les genres d'incidents qui paraissaient conduire à de tels débordements. Il parla aussi de la politique et des méthodes de l'institution ; tout le personnel fait partie d'un milieu, qui accepte les jeunes de ce type afin que cela les aide à parvenir à un sentiment de sécurité et de dignité personnelle. Mais, quand le surveillant retourna à son pavillon, de nouveau il eut à faire face à l'adolescent qui continua à l'attaquer verbalement et physiquement. Il se rendit compte immédiatement qu'il ne savait toujours pas quoi faire.

Les techniques transitives se situent sur deux plans : celui de la communication et celui de l'aide nécessaire pour résoudre un problème. Toutefois, cette distinction est mince et il faut savoir qu'un bon nombre de techniques pourraient se ranger dans l'une ou l'autre catégorie. Pourtant, ce qui fait partie de la seconde catégorie, aider à résoudre un problème, paraît être plus en rapport avec la logique du processus mis en œuvre.

Nous nous proposons de décrire chaque technique, et de donner en guise d'illustration un extrait tiré des comptes rendus. Chaque exemple sera étudié selon les cinq perspectives décrites ci-dessous.

Des correspondances seront présentées avec des exemples de techniques employées, dans le cas rapporté dans les chapitres qui vont suivre. La référence indique le numéro du compte rendu suivi du numéro d'analyse (exemple : 4:3 signifie compte rendu 4 - notre d'analyse 3).

● LES FACTEURS D'INTERACTION

La méthode d'analyse des techniques utilisera l'instrument élaboré par SCHWARTZ, pour reconnaître et classer la réaction du travailleur social*. Il s'agit d'examiner les six facteurs qui sont :

a) « L'acte » : ce qui décrit « simplement ce que vous avez dit ou fait », ou « ce que vous avez choisi de ne pas faire ».

---

* William SCHWARTZ. « Identification of worker's responses in group situations », Communication présentée à la Section de Group Work à la Conférence de la N.A.S.W., 1958.

46

b) « *L'objet visé* » : la « cible », c'est-à-dire la ou les personnes visées par la réaction du travailleur social.

c) « *Le stimulus* » : le « déclencheur » de l'acte du travailleur social, c'est-à-dire, ce qui a déclenché sa réponse. Ce pourrait être une remarque spécifique, un sentiment ténu, ou une façon d'être.

d) « *L'interprétation du stimulus* » : ce que signifiait spécifiquement le stimulus pour le travailleur social considérant un client donné.

e) « *La réaction immédiate attendue* » : ce que le travailleur social attendait immédiatement comme résultat spécifique de son action.

f) « *Les concepts sous-jacents* » : les principes généraux sur lesquels le travailleur social a fondé son acte. Cela peut aller de déclarations courantes, « énoncés de réalité », jusqu'à des concepts spécialisés d'ordre politique, sociologique ou psychologique*.

● LES TECHNIQUES

Nous allons examiner les techniques transitives, en commençant par celles qui sont en rapport avec la communication, pour passer ensuite au domaine de la résolution des problèmes. Pour terminer, nous examinerons les techniques cognitives (voir liste des techniques, p. 67).

Techniques transitives

A. — COMMUNICATIONS

La communication est une opération profondément complexe et pourtant nous y sommes engagés la plupart du temps. Ses finesses ne se révèlent qu'à certains moments : nous nous rendons compte, par exemple que nous entendons des mots qui ne veulent rien dire et des silences qui veulent tout dire.

SZASZ a noté à quel point il est complexe d'expliquer la manière dont l'homme utilise son comportement pour communiquer. Il décrit les deux fonctions principales du langage, pour lesquelles on fait habituellement la distinction suivante, d'une part « informer et influencer », d'autre part « exprimer les émotions »**.

---

* Julie AGUEROS. **A study of social work practice.** NEW YORK : Columbia University, Thèse de Maîtrise, 1950.
** Thomas SZASZ, **The myth of mental illness** (NEW YORK, Harper and Row), p. 133. Traduction française. Le mythe de la maladie mentale. PAYOT, Paris, 1975, p. 41.

D'après lui, cette distinction entre deux utilisations du langage, « informatif-cognitif » et « affectif-expressif », est parallèle à la division traditionnelle de l'esprit humain en parties cognitive et émotionnelle. Il met en doute cette dichotomie et note qu'il est possible que les communications aient « ... des fonctions qui soient, en même temps, représentatives - informatives et expressives »*. En effet, une simple communication peut recueillir un certain nombre de messages.

Les tabous culturels ou de groupe risquent d'accroître les complexités du processus de communication. Il se peut que des soucis pressants soient réprimés ou communiqués indirectement, si le client sent le risque d'une menace qui viendrait de la réaction d'autres membres du groupe ou du travailleur social. Il se peut qu'il devienne impossible de parler ouvertement de questions touchant à l'autorité et au pouvoir, si bien que les membres du groupe se sentent obligés de se contenter de ne faire qu'allusion à ce qui les préoccupe. Ainsi, en ce qui concerne les question sexuelles, les sentiments et les préoccupations ne peuvent être qu'esquissés sous la forme d'indices subtils qui risquent de rester obscurs même pour celui qui soulève la question.

Ce ne sont là que quelques-uns des problèmes qui entravent la communication dans un système travailleur social-client. Les techniques qui aideront les membres du système à parler librement et à s'écouter l'un l'autre, seront d'autant plus utiles que le succès de leur travail en commun en dépend.

1) AMPLIFIER UN SIGNAL FAIBLE

L'acte d'amplifier la faible communication du client (mots - ton de voix - expression du visage, etc.) pour la faire pleinement comprendre de celui auquel elle est destinée. On peut le comparer à un transformateur sur une ligne téléphonique qui amplifie un signal faible pour des communications à longue distance**.

Exemple : Pendant la réunion, Marlène fronçait les sourcils, le travailleur social lui demanda si quelque chose n'allait pas.

Analyse :

— L'acte : Le travailleur social demande à Marlène de verbaliser sa communication.

---

* Ibid., p. 134.
** Pour l'élaboration de la communication comme « modèle de transmission », voir : Jurgen RUECH, **Disturbed communication** (NEW YORK, W.W., Norton and Co, 1957).

— L'objet visé : La demande est dirigée vers Marlène et indirectement vers le reste du groupe.

— Le stimulus : C'est la perception qu'a le travailleur social de la communication que Marlène transmet par l'expression de son visage.

— L'interprétation du stimulus : C'est que Marlène est ennuyée par quelque chose.

— La réaction immédiate attendue : Il espère que Marlène peut amplifier sa communication.

— Le concept sous-jacent : Les gens peuvent éprouver de la difficulté à exprimer l'aspect informatif de leur message.

Références : 1:21* ; 1:27 ; 2:17 ; 3:12.

2) REDUIRE UN SIGNAL FORT

L'acte de réduire la communication trop forte d'un client (cris, ton de voix, sarcasmes, expression du visage, etc.) pour la faire pleinement comprendre par celui auquel elle est destinée. Le signal amplifié est ainsi réduit pour qu'il puisse être reçu sans distorsion par celui auquel il est destiné.

Exemple : Edmond et Simon dirent à René que s'il continuait à geindre, ils allaient lui flanquer une baffe. Il fit une grimace. Je lui ai dit que ce qu'il était en train de faire semblait les mettre en colère.

Analyse :

— L'acte : Le travailleur social clarifie la communication en disant que les garçons étaient en colère après René à cause de ce qu'il était en train de faire.

— Le stimulus : L'intensité des sentiments dans la communication et la réaction par l'expression faciale de René.

— L'interprétation du stimulus : René se sentait accablé.

— La réaction immédiate et attendue : Que René, concerné, serait capable d'entendre ce que les garçons lui disaient.

— Le concept sous-jacent : Il est possible que celui auquel un message est adressé réponde seulement à la partie affective d'une communication forte sans percevoir son contenu « informatif ».

Références : 1:22 ; 1:32.

---

* 1 : Compte rendu n° 1, page 75 — 21 : 21° note de l'analyse, page 79.

3) REORIENTER LE SIGNAL VERS CELUI AUQUEL IL ETAIT EN FAIT DESTINE

L'acte de suggérer que le signal envoyé à un destinataire qui n'est pas le bon, soit réorienté. On pourrait en trouver un exemple chez un client qui utilise le travailleur social comme intermédiaire pour communiquer avec quelqu'un d'autre. Le travailleur social montre qu'un intermédiaire n'est pas nécessaire. Il arrive qu'il soit nécessaire de réorienter la direction du message si elle sert à distribuer des rôles aux gens. Il en est ainsi pour le rôle du juge dans le jeu du « tribunal », comme on le voit dans l'exemple qui suit :

Exemple : Robert commence à me parler des rumeurs qui étaient parvenues à ses oreilles concernant les rendez-vous de Jeanne avec d'autres garçons. J'ai dit qu'il devrait le dire à Jeanne et pas à moi. Il a souri et a continué, adressant cette fois ses remarques à Jeanne.

Analyse :
— L'acte : L'action du travailleur social a consisté à faire remarquer à Robert que ce qu'il disait s'adressait en réalité directement à Jeanne.
— Le stimulus : Le fait que Robert ait parlé au travailleur social.
— L'interprétation du stimulus : Il se peut que Robert se soit senti mal à l'aise pour parler directement à Jeanne ou bien qu'il ait considéré le travailleur social comme un juge dont le rôle était de recevoir un témoignage.
— La réaction immédiate attendue : Que son acte rétablirait une communication directe entre les deux : Robert et Jeanne.

  Il souhaitait aussi répéter les termes énoncés auparavant et qui ne figurent pas ici : il avait pensé qu'il leur appartenait d'élucider ensemble leurs problèmes, et qu'il était là seulement dans le cas où il serait nécessaire qu'ils aient recours à lui.
— Les concepts sous-jacents : Les communications directes et en face à face, sans le détour d'une tierce personne à laquelle est attribué un rôle de juge, peuvent améliorer le processus aboutissant à la solution d'un problème. A cela s'ajoute un autre concept : la possibilité de résoudre les problèmes existe chez les intéressés, et leur engagement direct facilite la tâche.

Références : 6:7 ; 6:12.

4) RECHERCHE DE FAITS

L'acte de demander au client d'élaborer davantage la communication.

Exemple : ...Elle a commencé à pleurer en me racontant que tout semblait se liguer contre elle.

Je suis restée silencieuse un moment avant de lui demander si elle pouvait me dire ce qui n'allait pas...

Analyse :

— L'acte : Demander davantage d'informations au client.

— Le stimulus : La communication par le client de ses sentiments, c'est-à-dire la partie expressive, sans que soit donnée la partie informative.

— L'interprétation du stimulus : La cliente se sentait accablée par ses soucis.

— La réaction immédiate attendue : Que le client puisse commencer à exprimer ses problèmes.

— Le concept sous-jacent : Faire part de ses soucis est une première étape. Ce qu'a suggéré le travailleur social aidera le client à se mettre au travail.

5) ECOUTE FOCALISEE

Le terme « focalisé » est utilisé pour bien faire la distinction entre une technique, et quelque chose qui est nécessaire dans notre vie et que nous faisons quotidiennement. Cela implique que nous entendons certaines choses en nous concentrant, et que si nous ne le faisions pas, nous pourrions les laisser passer.

Bien que l'écoute soit considérée comme une technique parmi beaucoup d'autres, elle est un peu différente des autres parce qu'elle les fait naître. On écoute dès le début du contact avec le client et on continue à écouter jusqu'à la fin. Toutes les autres techniques qui sont, par leur nature propre, une réaction au client, vont dépendre de la compétence avec laquelle le travailleur social a écouté.

Cette technique de communication, qui est la plus importante (considérée comme une part active de la transaction, à double sens, de la communication) a fait récemment l'objet d'un exposé de Stanley STERLING*. Il souligne que la qualité de l'écoute est en rapport avec la capacité de « brancher » l'information appropriée sur la même longueur d'onde que la tâche en jeu, d'éliminer les « parasites ». La définition de la fonction du travailleur social et du contrat avec le client font l'un et l'autre partie des facteurs qui influencent la capacité du travailleur social à écouter. A mesure que sa fonction à lui se définit de façon plus précise, il lui est possible de limiter la gamme d'infor-

---

* Stanley STERLING, « Listening : The demand and the practice », Communication présentée à The Alumni Conference, Columbia University, New York, 1966.

mations qu'il va considérer comme appropriée. Au fur et à mesure qu'il voit plus clairement ce pourquoi il écoute, il sera de mieux en mieux à même de l'entendre.

De même que les membres du groupe travaillent à leurs tâches, comme c'est défini dans le contrat original, le travailleur social, dans le modèle de médiation, écoute avec deux questions principales à l'esprit. La première, c'est « Sommes-nous bien en train de travailler ? », la seconde, c'est « Sur quoi sommes-nous en train de travailler ? »*. Tant que les réponses à ces questions sont claires, le travailleur social peut avoir les mains libres pour aider les membres du groupe dans leur travail. Quand il apparaît que les membres du groupe ont cessé de travailler ou que le problème sur lequel ils travaillent n'est pas clair, le travailleur social doit alors se retirer de l'interaction du groupe et essayer de se brancher sur ce qui se passe.

Exemple : Alors que la conversation se poursuivait, Louis et Thomas continuaient à jouer au billard, il était difficile que la discussion puisse se poursuivre car la conversation sur le jeu ne cessait de se mêler au débat sur la façon de traiter le problème.

Analyse :

Le contrat avec le groupe était tel que le groupe pouvait faire appel au travailleur social si besoin était quand il s'agissait de planifier, de traiter des problèmes dans l'institution. Le travailleur social écoutait pour déterminer quand le débat sur ce sujet s'arrêtait.

— L'acte du travailleur social : Entendre les signaux du groupe exprimant qu'il avait des difficultés à continuer son travail.

— L'objet visé : Son action — l'écoute — était dirigée sur tous les membres du groupe.

— Le stimulus : Etait leur conversation sur un problème qu'ils avaient, et le fait que la conversation s'arrêtait et passait au jeu.

— L'interprétation du stimulus : Le travail du groupe avait cessé.

— La réaction immédiate attendue à l'écoute : Que les travailleurs sociaux soient à même d'entendre lorsque les membres du groupe s'arrêtent de travailler à leurs tâches, et soient capables de voir pourquoi.

— Le concept sous-jacent : L'écoute focalisée peut révéler ce qui se passe, et cette information peut être utile au groupe.

Références : 1:32 ; 2:23 ; 3:16 ; 5:1.

---

* William SCHWARTZ, « Some notes on the use of groups in social work practice », Communication présentée au séminaire annuel des professeurs de stage et de Faculté, Columbia University, NEW YORK, avril 1966.

6) ATTEINDRE LES SENTIMENTS

L'acte d'interroger le client sur les sentiments que le travailleur social estime avoir été suscités par la situation. Ce sont ces sentiments qui vont de pair avec le combat que livre le client pour accomplir sa tâche, que le travailleur social s'efforce de comprendre.

Exemple : Geneviève dit à Bob qu'elle était désolée de lui avoir dit de disparaître mais qu'elle s'était mise en rogne quand il avait dit qu'elle était moche et que personne ne l'épouserait. Bob dit qu'il voulait plaisanter, Geneviève lui a répliqué qu'elle croyait qu'il pensait ce qu'il avait dit et qu'il ne plaisantait pas. J'ai demandé à Geneviève s'il était pénible d'entendre ce que Bob avait dit, et elle répondit oui.

Analyse :
— L'acte : Le travailleur social essaie de voir ce que à son avis pouvait être les sentiments de Geneviève dans sa conversation avec Bob.
— Le stimulus : La déclaration de la colère de Geneviève à l'égard de Bob.
— L'interprétation du stimulus : Le commentaire de Bob avait blessé Geneviève.
— La réaction immédiate attendue : Que Geneviève soit capable de communiquer plus clairement ses sentiments dans sa discussion avec Bob.
— Le concept sous-jacent : Bob et Geneviève seraient plus aptes à travailler sur ce problème si l'un et l'autre étaient conscients de la réaction affective de Geneviève aux commentaires de Bob.

Références : 1:33 ; 2:4 ; 2:19 ; 3:17 ; 6:6 ; 6:13.

7) ATTENDRE QUE S'EXPRIMENT LES SENTIMENTS

L'acte de rester silencieux et être avec le client pendant qu'il se débat avec des sentiments difficiles. La meilleure description de cet acte est faite en examinant les types d'action qui sont à l'opposé, c'est ce que l'auteur a appelé les interventions *préemptives**. Dans une intervention de ce type, le travailleur social évalue à l'avance si c'est le bon moment pour le client d'éprouver un sentiment violent. On peut y parvenir en rassurant le client, et en lui disant que le problème n'est pas aussi grave qu'il paraît, ou en interrompant un silence qui précède souvent l'apparition d'un tel sentiment.

---

* Lawrence SHULMAN, « Scapegoat, group workers and the preemptive intervention », **Social Work Journal** (april 1967).

Exemple : Luc me dit qu'il était fatigué d'être tiré deci-delà. Il y avait dans le ton de sa voix quelque chose qui exprimait une urgence, une tension. J'ai fait oui de la tête et je suis resté silencieux. Au bout de dix secondes, il a commencé à pleurer.

Analyse :

— L'acte : Rester silencieux.

— Le stimulus : Le ton de voix du client et ses traits qui changent lentement.

— L'interprétation du stimulus : Le client était très ému par ce qu'il avait décrit et était sur le point de l'exprimer.

— La réaction immédiate attendue : Par ses larmes, le client pourrait éprouver les sentiments qui semblaient prêts à surgir.

— Le concept sous-jacent : Ressentir de tels sentiments pouvait aider le client à y faire face.

Référence : 3:17.

8) SE RETROUVER EN COMMUNICATION AVEC LES SENTIMENTS DU CLIENT

L'acte de communiquer au client l'empathie du travailleur social. SCHWARTZ parle là de la communication que fait le travailleur social de cette compréhension, non pas sur un plan général, mais qui réside dans « ... sa capacité à empathiser avec le sentiment précis, suscité chez celui qui apprend par les exigences d'une tâche particulière, dans une situation spécifique »*. Cette idée d'empathie, « être avec » quelqu'un dans ses sentiments, est au centre de la communication de soutien. Pour quelqu'un qui ressent une difficulté, le soutien ne se trouve pas dans la suppression de tels sentiments ou dans la dépréciation de leur impact. Un individu qui est ému par quelque chose qui se passe dans sa vie, n'est pas rassuré quand on lui dit : « Ne t'en fais pas, tout va s'arranger ». Bien au contraire, il est encore plus isolé d'un contact significatif avec les autres êtres humains, s'il se rend compte que personne ne sait réellement à quel point il se sent mal. Il y a vraiment contact social, si l'on est capable de communiquer à l'autre qu'on sait bien qu'une expérience vécue peut être mauvaise ou bonne. Cette communication se fait du mieux qu'on peut.

Exemple : Je lui ai demandé depuis combien de temps il était allé chez lui. Il dit qu'il ne s'en souvenait plus. Puis, il dit que c'était l'été dernier. Je dis que c'était loin et que je pouvais comprendre combien il devait en être affecté.

---

* William SCHWARTZ, « The social worker in the group », **Social-Welfare Forum** (1961), p. 168.

Analyse :

— L'acte : Le travailleur social communique au client sa réaction empathique.

— Le stimulus : L'émotion dont témoignait la voix du client, l'observation de son visage, et le contenu de ce qu'il disait.

— La réaction immédiate attendue : Le client savait que le travailleur social était en contact avec ses sentiments.

— Le concept sous-jacent : Le contact réalisé par le partage d'une expérience émotionnelle peut aider beaucoup.

Références : 2:25 ; 3:4 ; 3:23 ; 6:2.

9) FAIRE PART DE NOS PROPRES SENTIMENTS

L'acte de communiquer au client le sentiment précis suscité chez le travailleur social. En en faisant part, il offre de l'aide au client par le fait qu'il entre en contact avec ses propres sentiments, et il lui montre par là que communiquer des émotions est quelque chose d'acceptable.

Exemple : Les membres du groupe paraissaient perdre leur enthousiasme et leur intérêt pour le projet de voyage, après la discussion entre Marc et Jim. Après l'avoir souligné, j'ai dit au groupe que je me sentais déprimée par ce qui était arrivé et me demandais s'il y en avait d'autres qui éprouvaient le même sentiment que moi.

Analyse :

— L'acte : Le travailleur social fait part de ses sentiments aux membres du groupe.

— Le stimulus : Sa réaction à une conversation antérieure et sa perception d'un obstacle au travail du groupe.

— L'interprétation du stimulus : Les membres du groupe avaient été fortement influencés par l'échange de propos. Cela bloquait leur travail.

— La réaction immédiate attendue : Il y aurait identification de ces sentiments par les membres du groupe.

— Le concept sous-jacent : Les gens ont des réactions affectives analogues.

Référence : 4:11.

10) ETRE A LA RECHERCHE D'UNE AIDE EMPATHIQUE

L'acte de demander aux autres s'ils peuvent aider à identifier un sentiment difficile à saisir.

Exemple : Georges dit qu'il ne savait pas pourquoi il agissait avec tant de colère ce soir-là. J'ai demandé si quelqu'un dans le groupe pensait le savoir.

Analyse :

— L'acte : Le travailleur social demande si quelqu'un dans le groupe comprenait les sentiments de Georges.

— Le stimulus : L'incapacité que ressentait Georges à se rendre compte de ce qui le mettait en colère.

— La réaction immédiate attendue : Un membre du groupe pourrait être à même de partager avec Georges ce qu'il comprenait et ce qu'il éprouvait de ses sentiments.

— Le concept sous-jacent : Un individu peut être capable d'approcher les sentiments de quelqu'un d'autre, dans une situation qu'il connaît.

Références : 1:34 ; 3:15.

B. — AIDE POUR RESOUDRE UN PROBLEME

Nous avons défini un groupe client comme « un ensemble de personnes qui ont besoin les unes des autres, afin de travailler à certaines tâches communes, dans un service qui peut servir de cadre pour accomplir ces tâches ».

Il serait utile, au point où nous en sommes, d'examiner de plus près deux des termes de cette définition.

Quand SCHWARTZ utilise le terme « tâches », il parle « d'un ensemble de besoins transformés en travail »*. Les besoins humains recouvrent une gamme étendue, depuis ceux qui sont généralisés dans la nature humaine, telles que la réassurance, l'approbation, jusqu'à ceux qui surgissent à partir de situations spécifiques. Les soucis particuliers des parents nourriciers ou des adolescents sont des exemples de ces derniers. C'est grâce à certaines activités que l'on répond à ces besoins. Ainsi l'adolescent, qui cherche des expériences sociales hétérosexuelles, peut prendre part à des activités planifiées offertes par son groupe. Le parent nourricier qui a des sentiments « tabous » vis-à-vis de l'enfant adoptif peut être rassuré en partageant ses sentiments avec d'autres parents nourriciers et découvrir qu'il n'est pas le seul. Telle est la signification du terme « travail », une « production d'énergie orientée vers certaines tâches spécifiques »**. Il y a un rap-

---

* SCHWARTZ, **Some notes on the use of groups in social work practice**, p. 7.
** Ibid., p. 9.

port direct entre la façon dont le travail se déroule et la réponse aux besoins des membres.

L'activité qui se déroule au sein du groupe peut être considérée comme un processus complexe de résolution de problèmes, le groupe dans son ensemble, aussi bien que chacun des membres, étant continuellement confronté à une série de tâches. Par exemple, il faut que chaque membre travaille à la tâche qui consiste « à essayer que les autres s'attèlent avec lui aux tâches répondant au besoin qu'il ressent »*. Le groupe, dans son ensemble, affronte les problèmes d'organisation lors de l'étape de début, à mesure que les membres tentent de clarifier leur but et d'atteindre un certain accord sur la manière dont ils vont procéder. Ce processus de résolution de problème est une opération complexe qui peut s'interrompre à bien des points. C'est la difficulté rencontrée dans la résolution de problème qui requiert l'aide d'un travailleur social. Sa tâche, séparée et distincte de celle des membres, est de servir de « catalyseur » et de « recours » dans les efforts qu'ils font pour résoudre leur problème. Les techniques qui suivent sont les mouvements à travers lesquels cette aide est offerte.

1) FOURNIR DES DONNEES SUR LESQUELLES TRAVAILLER

L'acte de donner de l'information n'entraîne pas de connotation spéciale. Cet aspect « cognitif-informatif » de la communication requiert une attention spéciale quand on considère qu'il fait partie d'une relation d'aide. Celles des techniques qui suivent se distinguent suivant le type de données communiquées. C'est la communication des données et son processus qui sont à l'origine de toutes les techniques que nous allons examiner.

SCHWARTZ a souligné que fournir des données vient d'une demande qui relève de la tâche du client. L'importance de ce concept réside dans l'idée qu'un travailleur social qui offre à un client de l'information qui n'est pas appropriée à la tâche en cause, ne joue pas le rôle de ressource pour le client. Au lieu de cela, il essaie d'influencer le client, à propos d'une tâche qui est importante pour le travailleur social. Ce type d'activité a été décrit par SCHWARTZ comme des façons d'infléchir l'idéologie de la personne (« ideological plugs »).

Il y a une deuxième condition lorsque l'on veut faire part d'informations, c'est la disponibilité des données. Il n'est pas nécessaire que le travailleur social fournisse une information qui, à sa connaissance,

---

* Ibid.

est déjà à la disposition du client. Quand il le fait, il essaie d'influencer le client de façon subtile, en soulignant cette donnée.

Un troisième facteur, c'est le statut de celui qui aide, dans le processus de communication de l'information. Dans une relation basée sur l'égalité, un receveur d'information l'utilise, parce qu'il croit que c'est utile pour lui. Si le travailleur social se perçoit comme un des recours parmi d'autres, qui se trouve à la diposition du client, et s'il présente son information comme propre à être examinée et pouvant être rejetée, dans ce cas, sa possibilité de domination diminue.

On peut objecter à cela que le client attribuera au travailleur social une qualité d'expert et une autorité qui influenceront sa réaction à l'information apportée. Il y a cependant une grande différence si c'est le client qui attribue une autorité spéciale au travailleur social et si ce dernier tente d'exiger un statut spécial pour lui-même. Ce statut spécial est souvent considéré par le travailleur social comme un moyen de faire accepter par le client le contenu des données qu'il offre, données qu'à son avis, le client devrait utiliser. Ce qu'on laisse souvent de côté, c'est qu'un examen attentif du processus d'un échange de cet ordre révèlera que cette « utilisation de l'autorité » peut devenir une pierre d'achoppement majeure dans la relation d'aide.

SCHWARTZ examine aussi le cas où l'on retient, à bon escient, une information. C'est habituellement justifié comme étant dans l'intérêt du client. « Laissez-le trouver par lui-même », est une des formes d'argument employé, et « il est bon d'apprendre à partir de ses erreurs », en est une autre. Pour SCHWARTZ, retenir une information peut être vu par le client comme une forme de rejet. Donner librement une telle information peut représenter, de la part du travailleur social, un don de soi-même. Il poursuit en faisant ressortir que retenir l'information est souvent expliqué par la crainte qu'a le travailleur social de créer chez le client un état de dépendance. Pour cet auteur, retenir une information peut être une façon de créer la dépendance plutôt que de l'éviter. Dans les relations humaines, les données peuvent être une source de pouvoir, quand le travailleur social sait et que le client ne sait pas, c'est le travailleur social qui tient les ficelles. C'est en partageant les données, plutôt qu'en les retenant, qu'on offre la meilleure sauvegarde contre la dépendance du client.

Exemple : Les garçons se demandaient s'ils pouvaient se permettre d'aller jusqu'au stand de bowling. Je leur ai fait part des prix qui m'avaient été cités par le préposé du stand.

Analyse :

— L'acte : Faire part des prix au groupe.

— Le stimulus : Les questions des membres du groupe sur leur possibilité d'aller jouer au bowling.

— L'interprétation du stimulus : Ils avaient besoin d'une information plus complète.

— La réaction immédiate attendue : Ils utiliseraient les données, cela les aiderait à étudier leur problème.

— Le concept sous-jacent : Les données appropriées peuvent être utiles dans le processus de résolution des problèmes.

Références : 1:9 ; 1:15 ; 5:2.

2) CONFRONTER A LA REALITE CONTRADICTOIRE

La donnée fournie contredit spécifiquement l'interprétation de la réalité énoncée par le client.

Exemple : Jean dit qu'il n'avait jamais voulu être envoyé en visite à la maison. J'ai souligné qu'il avait par trois fois fait une demande pour ce congé.

Analyse :

— Le concept sous-jacent : Souvent le souvenir opère de façon sélective. Les intéressés retiennent l'information qui est à l'appui de leur optique actuelle de la réalité. En confrontant le client avec cette donnée, le travailleur social a rendu consciente la décision du client d'utiliser ou de rejeter l'information, dans l'effort qu'il fait pour résoudre son problème.

Références : 3:8 ; 7:5.

3) FAIRE REMARQUER LES OBSTACLES

La donnée fournie, c'est que le travailleur social décèle un obstacle au travail du client. L'obstacle peut être apparent pour le client, mais il est nécessaire de le faire ressortir, ou bien il peut rester obscur et ne pas être perçu facilement sans l'aide du travailleur social.

Exemple : J'ai souligné que le groupe avait cessé de travailler sur le projet quand Jim et Marc ont commencé à se disputer.

Références : 1:18 ; 1:22.

4) FAIRE RESSORTIR LES POINTS COMMUNS

La donnée proposée, c'est la base commune qui existe entre les parties, au moment du conflit. Quand on peut la voir clairement, cela offre une base de résolution du conflit.

Exemple : J'ai fait remarquer au personnel qu'il semble y avoir convergence entre le désir qu'avaient les garçons de faire le projet de leur propre programme récréatif et le désir de l'institution de voir les garçons apprendre à être indépendants.

Références : 3:9 ; 4:5.

5) DÉFINIR LES LIMITES

La donnée proposée, c'est la limitation de l'activité du client, telle qu'elle est définie par la réalité de la situation. SCHWARTZ fait la distinction entre : définir une limite (l'expliquer) et fixer une limite (l'imposer). Il relève que souvent les travailleurs sociaux ont des problèmes pour fixer des limites, sur la base de leur autorité personnelle, alors que tout ce qui est nécessaire, c'est de définir ces limites comme résultant de la réalité de la situation. Souvent, est faite l'objection que le client ne souhaite pas respecter une limite quand elle est seulement définie. Ce qu'on cite habituellement, c'est la situation où les membres du groupe sont impliqués dans une forme ou une autre d'activité anti-sociale, comme la définissent l'institution ou la société en général. Que fera le travailleur social à ce moment-là ?

Ce qu'il fera peut être influencé par deux facteurs.

— Le premier, c'est sa réaction humaine à certaines actions. Par exemple, l'auteur du présent travail ne supporte pas qu'on fasse du mal physiquement à un jeune. Dans sa pratique, il interviendra pour arrêter ce genre d'activité. Il y a une distinction importante entre un acte extrême tel que celui-là et la violation des règles d'une institution.

— Le second facteur est la nature de ce que l'institution donne à faire au travailleur social. Dans la plupart des services, les travailleurs sociaux assument certaines fonctions qui ne sont pas strictement dans le cadre de leur rôle d'aide. Affirmer son autorité pour fixer les limites ne fait pas partie de la fonction du travailleur social dans le modèle de médiation. C'est un rôle supplémentaire de policier et de gardien, et une autre fonction d'adaptation. La fonction donnée pourrait tout aussi bien être attribuée à un autre membre du personnel, s'il y a suffisamment de personnel pour cela.

Dans l'engagement continu entre les besoins de l'individu et les exigences du groupe ou de la société, il est nécessaire que des limites soient fixées. La seule question qui nous intéresse, c'est : qui doit les fixer ? Ce rôle d'autorité exercée entre en conflit direct avec celui de médiateur (travailleur social). D'autre part, la réalité des circonstances qui changent rapidement, et un personnel insuffisant, font que le travailleur social doit assumer une partie de cette fonction d'autorité. Une conception du rôle d'aide qui se limite à la fonction de médiateur, est une sauvegarde contre une extension exagérée du rôle de policier.

— On prétend souvent que le client ne peut comprendre cette conception de double rôle, on soutient que s'il y a exercice de l'autorité, il refusera alors la médiation. En outre, on dit que le travailleur social doit « s'identifier » à l'institution et ne pas expliquer qu'il fixe une limite parce que l'institution s'attend à ce qu'il le fasse.

Ce que le premier argument laisse de côté, c'est que cette dualité de rôle est analogue à celle qu'assument bien des gens : professeurs, parents, surveillants, etc. Ce qui est différent cependant, c'est qu'on essaie d'être plus précis et logique à la fois en élaborant les rôles et en les expliquant au client. De la sorte, la fonction d'exercice de l'autorité du travailleur social avec le groupe, peut être examinée de façon ouverte et remise dans la bonne perspective. Le travailleur social et les membres du groupe peuvent alors poursuivre leurs tâches et éviter de se perdre dans une lutte à propos de l'autorité personnelle. Cela aide aussi le travailleur social à se concentrer sur ce que les membres du groupe peuvent être en train de communiquer par leur comportement.

— Le second argument, c'est que d'après l'expérience de l'auteur, les gens trouvent beaucoup plus facile d'accepter des limites qui proviennent de la réalité d'une situation, que celles qui sont imposées par une autorité personnelle. Expliquer une limite de la sorte, ne conduit pas pas à ce que le travailleur social se sépare de l'institution, puisque sa propre optique sur la question n'est pas en cause réellement. C'est la tâche du membre de réagir aux limites et celle du travailleur social de l'aider à y travailler.

La transcription des observations dans les chapitres suivants vient à l'appui de ces arguments. Il est significatif que, au cours d'une année, alors qu'il y avait quatre groupes qui se sont réunis en moyenne trente fois chacun (deux des groupes étaient constitués de jeunes considérés par l'institution comme les plus difficiles), il n'y a eu qu'un seul exemple où les membres du groupe ont décidé de poursuivre une activité que le travailleur social fut obligé de limiter.

C'est en partie à cause des raisons indiquées ci-dessus, que fixer des limites n'entre pas dans la catégorie d'une technique interactionnelle pour ce modèle de travail. Il est possible, cependant, qu'un travailleur social utilise bon nombre de ces techniques lorsqu'il faut fixer des limites, ce qui l'aidera ainsi que le client.

L'exemple qui suit porte sur la définition d'une limite.

Exemple : Les garçons étaient en train de faire beaucoup de bruit et créaient un chahut général. J'ai souligné que le directeur avait dit qu'ils pouvaient utiliser cette salle seulement s'ils faisaient peu de bruit.

Références : 1:7 ; 1:12 ; 1:24 ; 3:3 ; 3:10.

6) DEFINIR LE CONTRAT

Le système que nous examinons comporte le client, l'institution et le travailleur social. Quelle forme de relation structurale auront-ils ? Et comment chacun fonctionnera-t-il au sein de cette structure ? Quel est le processus général dans lequel ils seront engagés ?

Pour aborder ces questions, il est nécessaire de connaître :

— le but pour lequel le client utilise l'institution ;

— les raisons qu'a l'institution d'offrir de l'aide ;

— les moyens par lesquels le travailleur social va offrir un service.

Une base commune devrait exister entre le but de l'institution et celui du client. Si cette base commune n'existe pas, alors l'institution ne pourra pas servir de cadre à la tâche du client, et celui-ci serait mal orienté pour rechercher une aide. Par exemple, il devrait y avoir une base commune entre le désir du groupe institutionnel de préparer des activités récréatives, en dehors des locaux, et le but de l'institution, qui est de préparer les jeunes à fonctionner d'une façon indépendante.

Exemple : Pour l'aboutissement du contrat, voir le compte rendu n° 1 intitulé « Etablissement du contrat et préparation d'un programme ».

Références : 1:2 ; 1:3 ; 2:1 ; 2:8 ; 2:23 ; 4:1 ; 4:3 ; 4:8 ; 4:10

7) FRAGMENTER LE PROBLEME

C'est l'acte de fractionner un problème compliqué en composantes plus faciles à résoudre.

Exemple : J'ai fait remarquer qu'ils étaient en train d'essayer de voir s'ils devaient organiser une fête et ce qu'ils auraient à offrir comme nourriture pour la fête. A mon avis, cela paraissait être deux questions distinctes.

Analyse :

— L'acte : Le travailleur social a marqué la séparation entre deux questions distinctes.

— Le stimulus : L'incapacité des membres du groupe à trouver une réponse à l'une ou l'autre des questions.

— L'interprétation du stimulus : Les membres du groupe avaient des difficultés à structurer le processus de leur prise de décision.

— La réaction immédiate attendue : Ils pourraient distinguer les questions pour en discuter.

— Le concept sous-jacent : Moins une tâche est compliquée, plus il est facile d'y travailler.

Référence : 2:12.

8) FAIRE DU PROBLEME CELUI DU GROUPE

C'est l'acte de demander au groupe de travailler à un problème particulier. Il y a une limite importante pour l'utilisation de cette technique, celle du contrat. Est-il approprié de demander au groupe de travailler à un problème ? Le problème est-il réellement celui du groupe ? Le problème peut être celui du groupe dans le sens qu'il affecte le groupe dans sa capacité à accomplir sa tâche. On pourrait en voir un exemple dans la discussion continuelle sur le leadership, ce qui empêche de faire la planification nécessaire du programme. La discussion d'un problème particulier d'un individu, à l'extérieur du système-groupe, peut être quelque chose de différent. Si le contrat n'est pas clair ou si le groupe désire ou non offrir à ses membres ce type d'aide, le travailleur social pourra soulever la question pour s'assurer que le groupe ne se permet pas d'être détourné de son chemin. Un changement de contrat peut facilement s'accomplir s'il est fait ouvertement et désiré par les membres du groupe.

Exemple : J'ai souligné qu'il y avait eu trois discussions depuis le début de la réunion, et qu'ils n'avaient pris aucune décision au sujet de la semaine prochaine. J'ai demandé si quelqu'un savait ce qui n'allait pas.

Analyse :

— L'acte : Demander au groupe quel était le problème.

— Le stimulus : L'obstacle aux discussions.

— L'interprétation du stimulus : Les discussions arrêtaient le travail du groupe.

— La réaction immédiate attendue : Certains membres du groupe essaieraient de traiter le problème.

— Le concept sous-jacent : Les efforts du travailleur social peuvent servir de catalyseur en mobilisant le potentiel des membres pour résoudre le problème.

Références : 1:34 ; 3:15.

9) ATTENDRE QUE LE PROBLEME EMERGE

L'acte de ne pas agir permet de donner au client l'occasion de traiter le problème, ou bien d'attendre jusqu'à ce qu'il ait décidé de traiter un problème déjà identifié. Tels sont deux exemples de ce cas.

Exemple : J'ai fait remarquer que toutes les interruptions les empêchaient de mettre au point leurs plans. Ils en prirent note et continuèrent quand même à faire toutes sortes d'autres choses. Je suis resté silencieux.

Analyse :
— L'acte : Rester silencieux.
— L'objet visé : Le groupe.
— Le stimulus : Le fait qu'ils n'agissaient pas sur l'obstacle, les interruptions.
— L'interprétation du stimulus : Ils n'étaient pas prêts à agir, ou bien il se peut qu'ils attendaient pour voir si le travailleur social prendrait la relève.
— Les concepts sous-jacents :
a) il se peut que cela prenne du temps pour que les gens soient prêts à faire quelque chose ;
b) il se peut que les membres du groupe n'aient pas souhaité que l'interruption prenne fin ;
c) le rôle du travailleur social peut ne pas être encore clair à ce début de contact, et les membres du groupe peuvent être en train de tester la définition que le travailleur social a donnée de sa fonction.

Référence : 2:16.

10) OFFRIR DES CHOIX

C'est l'acte de décrire les choix possibles pour les clients, c'est un cas spécial de « fournir des données appropriées » (voir cette technique pour l'exemple et l'analyse).

Références : 1:6 ; 1:10 ; 1:20 ; 2:10 ; 3:19.

11) AIDER LE CLIENT A VOIR SON PROBLEME D'UNE FAÇON NOUVELLE

C'est l'acte de reformuler un problème que le client soulève, de sorte qu'il puisse amener à une nouvelle perspective.

Exemple : Entretien avec un surveillant de pavillon. J'ai fait remarquer que lorsqu'on ne l'écoutait pas ou qu'on ne lui demandait pas de donner son opinion, c'était encore plus difficile pour lui d'écouter les doléances et les problèmes des élèves dont il s'occupait, ce qui rendait son travail plus difficile.

Analyse :

— L'acte : Souligner au client les autres conséquences du problème qu'il soulève.

— L'interprétation du stimulus : Il ne voyait pas toutes les dimensions de son problème.

— La réaction immédiate attendue : On s'attendait à ce que le client comprenne davantage.

— Le concept sous-jacent : Les liens entre les événements peuvent être obscurs.

Référence : 6:9.

Techniques cognitives

Ce sont celles de la réflexion. Elles n'ont pas en elles-mêmes d'impact sur le client. Chacune est reliée à une technique transitive déjà examinée. La technique transitive devient le lien au travers duquel on fait part au client des résultats des techniques de connaissance. De la sorte, la compétence du travailleur social est à la disposition du client dans ses efforts pour résoudre son problème.

1) RECONNAITRE LA BASE COMMUNE

Voir plus haut « distinguer les bases communes ».

2) IDENTIFIER LES OBSTACLES

Voir plus haut « souligner les obstacles ».

3) INTERPRETER LES INDICES FOURNIS PAR LE LANGAGE VERBAL

C'est le processus par lequel le travailleur social essaie de trier l'information qu'il reçoit du client, en cherchant les indices qui peuvent mener à un message caché. On pourra en trouver un exemple dans l'expression de colère d'un client envers d'autres travailleurs sociaux, quand en réalité il veut exprimer sa colère envers son travailleur social.

4) INTERPRETER LES INDICES DU LANGAGE NON VERBAL

C'est l'acte d'interpréter des indices de communication qui ne sont pas présentés selon les signes et les symboles conventionnels que nous appelons langage. Ce peut être des signaux corporels qui, si celui qui les reçoit sait les lire, ont pour résultat de communiquer sur un plan plus complexe. Le signal peut aussi communiquer le désir de se faire remarquer, d'entrer en contact avec quelqu'un, de se faire accorder de la pitié. Voici l'exemple d'un client assis tout droit, les bras étroitement croisés sur la poitrine, une expression sceptique sur le visage, à un niveau simple, cela peut vouloir dire : « Cela ne prend pas ». Les niveaux simples de communication sont faciles à lire si nous le recherchons, parce qu'ils sont conformes à certaines normes de la société, et aboutissent à une communication. SZASZ a relevé que les aspects les plus compliqués de la communication ne passent pas par le discours : un signal personnel ou un symbole personnel n'est pas toujours conventionnel. Ces signaux peuvent seulement être interprétés après qu'on a réussi à comprendre le système de signaux individuels du client.

5) IDENTIFIER DES MODELES DE COMPORTEMENT

C'est l'acte de percevoir des formes répétitives de comportement. Un exemple : une réaction analogue à toutes les offres d'aide chez un client, ou bien un mode de compétition entre deux membres du groupe pour le leadership.

6) ENTRER EN CONTACT AVEC SES PROPRES SENTIMENTS

C'est l'acte d'être en contact avec ses sentiments à soi au moment de l'interaction. Voir « faire part de vos propres sentiments ».

LISTE RÉCAPITULATIVE DES TECHNIQUES

TECHNIQUES TRANSITIVES

A. — Communications

1) Amplifier un signal faible.
2) Réduire un signal fort.
3) Réorienter le signal vers celui auquel il était en fait destiné.
4) Recherche de faits.
5) Ecoute focalisée.
6) Atteindre les sentiments.
7) Attendre que s'expriment les sentiments.
8) Se retrouver en communication avec les sentiments du client.
9) Faire part de nos propres sentiments.
10) Etre à la recherche d'une aide empathique.

B . —Aide pour résoudre un problème

1) Fournir des données sur lesquelles travailler.
2) Confronter à la réalité contradictoire.
3) Faire remarquer les obstacles.
4) Faire ressortir les points communs.
5) Définir les limites.
6) Définir le contrat.
7) Fragmenter le problème.
8) Faire du problème celui du groupe.
9) Attendre que le problème émerge.
10) Offrir des choix.
11) Aider le client à voir son problème d'une façon nouvelle.

TECHNIQUES COGNITIVES

1) Reconnaître la base commune.
2) Identifier les obstacles.
3) Interpréter les indices fournis par le langage verbal.
4) Interpréter les indices du langage non verbal.
5) Identifier des modèles de comportement.
6) Entrer en contact avec ses propres sentiments.

Deuxième partie

RECUEIL ET ANALYSE
DU MATÉRIEL

CHAPITRE 3

les tâches dans la sphère du système-groupe

● **COMPTE RENDU Nº 1**

ETABLISSEMENT DU CONTRAT ET PREPARATION D'UN PROGRAMME

Le groupe qui est l'objet de ce compte rendu a été formé à partir d'un clan de huit garçons âgés de 16 ans. La majorité d'entre eux avaient un statut élevé dans l'institution. D'après le personnel et les autres jeunes, leur pouvoir leur servait à contraindre les plus faibles et à dominer le pavillon. Ils étaient perçus par le personnel comme étant « les pensionnaires qui créaient le plus d'embêtements ».

En mettant au point le contrat avec le groupe, le travailleur social demanda aux membres de donner une première idée de la raison pour laquelle ils avaient besoin les uns des autres et à quelles sortes de tâches le groupe s'intéresserait. Il leur dit aussi l'intérêt que portait l'institution à l'existence du groupe. Quant à lui, il percevait, dit-il, des points communs car, en exécutant son programme, c'est-à-dire des réunions pour organiser des activités sociales et de loisirs, le groupe travaillerait en effet aussi dans le domaine auquel l'institution s'intéressait : le développement des capacités nécessaires à un mode de vie indépendant. Dans les premières étapes de ce rapport, le travailleur social n'a pas défini clairement son rôle.

Au fur et à mesure que les membres du groupe travaillaient, ce contrat était utilisé comme une référence, un point de départ à partir duquel le travailleur social et le groupe pourraient évaluer le chemin parcouru. De nouvelles expériences faisaient se poser de nouvelles questions et clarifier le contrat, plus particulièrement le rôle du travailleur social. Celui-ci attirait l'attention des membres du groupe quand ils ne suivaient pas ce sur quoi ils s'étaient mis d'accord au départ. Ils avaient la possibilité d'effectuer ouvertement les modifications qu'ils voulaient apporter au contrat. Le travailleur social s'efforçait d'empêcher toute « subversion » de la part des membres du groupe, de l'institution ou de lui-même.

Une des tâches du travailleur social était de délimiter les responsabilités de l'institution qui se trouvaient en conflit avec son rôle d'aide. Cela arrivait par exemple quand il lui était demandé d'agir en effectuant un contrôle sur le plan social. C'est ainsi qu'en raison des nombreuses activités mixtes qu'impliquait le programme du groupe, il était souvent nécessaire de clarifier ce point, et c'est un domaine où les institutions ont des difficultés. En définissant ces limites comme partie intégrante de la réalité de la situation, le travailleur social évitait que son autorité personnelle soit l'objet d'une querelle totalement inutile. De cette façon, les limites se situaient dans la perspective qui lui était propre.

Le groupe, quant à lui, devait entre autres tâches, trouver un accord sur la nature de son programme. En raison de la liberté qu'ils avaient d'organiser leur propre programme, les membres du groupe avaient la possibilité d'atteindre des buts qu'ils jugeaient importants. Pour Howard POLSKY et Daniel CLASTER, la « réalisation du but » est « ... non pas une simple adaptation à des normes imposées de l'extérieur, mais la formulation et la réalisation de buts qui ont leur origine dans les besoins des jeunes et qui sont aussi compatibles avec le système de valeur des adultes et de la société »*. Emmanuel TROPP a mis lui aussi l'accent sur l'importance de buts communs du groupe**.

Les activités du programme du groupe étaient orientées suivant les besoins ressentis comme les plus importants par les pensionnaires. Excursions à l'extérieur et possibilités de contacts sociaux viennent en premier pour les adolescents qui vivent en institution. Spurgeon

---

* Howard POLSKY et Daniel CLASTER, « The structure and functions of adult youth systems », Communication présentée à l'Université de l'Oklahoma au 5ᵉ Symposium de Psychologie, 1964, p. 5.

** Emmanuel TROPP, « Group intent and group structure : essential criteria for group work practice », **Journal of Jewish Communal Service**, Vol. XLI, N° 3 (Spring, 1965).

ENGLISH et Gerald PEARSONS ont noté qu'une des quatre tâches fondamentales de l'adolescent est d'« acquérir des relations satisfaisantes avec le sexe opposé et commencer tout au moins une mise au point de sa vie amoureuse »*. Dans une institution, où la nécessité d'appliquer une discipline amène le personnel à utiliser les activités sociales, surboums, soirées dansantes, etc., dans un système de récompenses ou de punitions, il arrive que certains adolescents soient privés de ces expériences si nécessaires à leur ajustement social ultérieur. En effet, les programmes mixtes constituent environ le quart de ces activités de groupe.

15 Novembre

(1)**. Je débute la réunion en disant que je veux expliquer différentes choses avant que nous ne commencions à parler de ce que nous voulons faire.

Les garçons me répondent qu'ils comprennent. (2) Je leur dis d'abord, que ce groupe a été créé parce que le personnel a pensé que de participer à un groupe les aidera à mieux s'entendre avec d'autres. Ils acquiescent. (3) Je leur demande alors quelles sortes d'activités ils souhaitent pour leur groupe. Ils parlent de patinage à roulettes, de balades à pied en ville, de sorties au cinéma, de clubs de jeunes, et de maquettes. En ce qui concerne les activités, Louis pense à une fête et Thomas à aller au gymnase ou jouer au billard. Je leur demande s'ils ont d'autres idées. Il n'y a pas d'autres suggestions. Louis veut savoir quelles sont les autres choses que je veux que le groupe fasse. (4) Je lui dis que je n'ai pas de souhait particulier pour le groupe.

Louis demande ce que nous ferons la semaine suivante. (5) Je lui réponds que cela dépend du groupe. Thomas dit : « Nous devrions aller faire du patin à roulettes ». « C'est trop cher » dit Louis. Il y a alors une discussion entre Thomas, Eric, Louis, Vincent et Gilles sur ce que cela coûte. Ils tombent d'accord sur le fait que le patinage à roulettes coûte trop cher. Louis propose alors que nous ayions une boum. Thomas dit que c'est trop tôt et Gilles abonde dans son sens. Tous tombent d'accord sur le fait que c'est trop tôt pour une boum. Thomas propose que le groupe aille en ville pour acheter des maquettes et lécher les vitrines. Ensuite, il y a une discussion pour savoir à quel magasin aller. (6) Je dis que nous devrons voir une semaine à l'avance les achats à faire, car nous ne pourrons pas en parler la semaine suivante. Rapi-

---

* Spurgeon O. ENGLISH et Gerald PEARSONS, **Emotional problems of living** (NEW YORK : W.W. Norton and Co., 1955), p. 341. — Traduction française : **Problèmes émotionnels de l'existence,** Paris, P.U.F. 1956, p. 213.
** Les chiffres entre parenthèses renvoient aux analyses, à la fin des comptes rendus.

dement ils sont d'accord pour faire une boum. Nous discutons du menu et décidons d'aller ensemble en ville le lundi après-midi avant la boum pour acheter la nourriture. Ils ne veulent pas utiliser celle de la cantine et être traités de « radins ». Ils ajoutent qu'ils veulent des lumières tamisées, et que Louis apportera son tourne-disque...

22 Novembre

Les garçons sont plutôt excités lorsque nous montons dans l'estafette. Tous parlent en même temps. (7) Je leur rappelle qu'il y a une règle habituelle ici, à savoir qu'ils doivent rester ensemble en tant que groupe, et que je suis responsable d'eux. Ils disent que cela leur paraît normal, et nous démarrons. Lorsque nous atteignons les abords de la ville, Thomas demande si nous pouvons aller chez lui. (8) Je dis que je ne sais pas si l'institution le leur permet. Louis dit que personne n'en dira rien. (9) Je leur dis que j'ai un instructeur, quelqu'un qui est responsable de mon travail, auquel j'ai à rendre compte des activités du club. (10) J'ajoute que la prochaine fois qu'ils voudront y aller ils doivent me le dire avant pour que je puisse m'assurer que cela est possible... Louis me dit : « Il n'y a rien à faire ». Je réplique qu'ils voulaient venir en ville. Thomas demande une nouvelle fois si nous pouvons aller chez lui. (11) Je dis que je ne sais réellement pas quoi faire. Thomas dit : « Bon, Johnstone vous a dit que nous ne pouvons pas aller à certains endroits (je leur ai dit la semaine précédente que l'institution ne les laissait pas aller dans les salles de billard), mais ils n'ont pas dit qu'on ne pourrait pas aller chez moi »... (12) Je dis que je veux parler de certaines choses que le service a dit qu'il ne voulait pas qu'ils fassent à la boum. C'est d'accord, ils peuvent raccompagner les filles chez elles et les embrasser pour leur dire bonsoir (je me sens tout drôle à dire cela) mais qu'ils doivent rester ensemble comme un groupe. Ils sont d'accord. Alors je dis qu'ils peuvent tenir les filles par la main, ou les enlacer à la boum, mais qu'ils ne peuvent pas les embrasser et flirter. Ils dirent alors des choses comme : « Nous ne demandons pas de faire quoi que ce soit que vous n'ayiez fait vous-même. Vous ne pouvez nous surveiller qu'un à la fois, si nous n'embrassons pas les filles, elles vont pleurer... ».

29 Novembre

Quand nous en arrivons à discuter de savoir comment la salle sera éclairée, cela fait problème. Les garçons veulent seulement deux lampes bleues de 25 W. C'est si sombre que je ne peux rien voir. (13) J'explique alors que je dois pouvoir voir, ainsi que je le leur ai dit la semaine précédente. Ils discutent pendant un moment puis disent qu'ils sont d'accord. Nous utiliserons une lampe bleue et deux blanches. Néanmoins, je sens qu'ils n'apprécient pas tellement la règle que je leur ai donnée. C'est une revendication légitime.

(14) ... Au moment où j'entre dans la salle, le surveillant, M. Watson, dit : « C'est ce qui est arrivé de mieux à ces garçons ». Les garçons sont très excités et parlent bruyamment quand nous entrons. Ils s'encouragent à danser plutôt que de rester assis. La fête se déroule comme le fait habituellement une boum pour jeunes de cet âge. Certains garçons se mettent à danser tout de suite, d'autres restent assis. Pendant la soirée, les garçons dansent avec d'autres filles que celles qu'ils ont amenées, mais reviennent toujours danser avec les jeunes filles qu'ils ont invitées. Au bout d'une demi-heure, l'atmosphère semble agréable et sans histoire.

10 Janvier

(15) ... Je leur dis que j'ai de bonnes nouvelles à leur apprendre. Ils peuvent avoir tout leur samedi pour sortir. Ils en sont très excités. J'ajoute qu'ils pourront aller à des endroits comme Philadelphie ou New York. Quand je parle de New York, ils deviennent encore plus excités et disent que c'est magnifique. Alors, ils commencent à discuter de la durée du voyage pour New York. Pour Thomas, cela prend environ trois heures. Pour Eric, c'est moins long. (16) Je dis que j'ai déjà fait le voyage et que cela prend entre une heure et demie et deux heures.

Louis dit que, en allant à New York, nous pourrions nous arrêter chez lui. Pour Thomas ce n'est vraiment pas possible parce qu'il y a trop d'embouteillages et que nous pourrions crever. Louis se met en colère et dit : « Faites ce que vous voulez ». Et il sort. (17) Je l'appelle, mais il ne s'arrête pas. (18) Je note que nous avons commencé à parler d'une sortie au sujet de laquelle chacun est excité, et que Louis maintenant quitte la réunion. Eric dit qu'il sait ce qu'il a, que si quelqu'un vous dit qu'il ne veut pas venir chez vous, cela vous rend malheureux. Il ajoute que si Thomas le lui avait dit, cela l'aurait rendu assez malheureux. (19) Je demande si tous sont contre l'idée d'aller chez Louis. Pour Vincent, cela lui est égal. Frédéric dit qu'il est d'accord. Pour Thomas cela n'a pas grande importance, mais l'attitude de Louis ne lui plait guère : « Il n'aurait pas dû s'en aller, il aurait dû rester et en discuter ». (20) Je demande s'ils pensent que c'est une bonne idée que quelqu'un aille proposer à Louis de revenir, comme cela il pourra en reparler. Vincent dit qu'il ira le chercher mais ne va pas se mettre à genoux. Comme Vincent sort, Thomas dit de nouveau que l'attitude de Louis est moche. Eric répète à nouveau, pourquoi à son avis, Louis est en colère.

Vincent revient, Louis le suit. Il y a un silence. (21) Je dis à Louis que la plupart de ses camarades veulent bien aller chez lui. Cependant, certains pensent qu'il n'aurait pas dû partir de cette façon. Il dit que cela lui est bien égal, qu'ils veuillent ou non aller chez lui. Eric le soutient en disant qu'il comprend ce qu'il peut ressentir.

... Une fois entrés, Thomas et Louis commencent à se disputer. (22) Je fais remarquer que nous avons commencé à discuter du voyage et que la discussion est plutôt agitée, qu'il doit y avoir des problèmes. Thomas, lui, dit qu'il ne se dispute pas. (23) Je lui dis qu'il crie plutôt fort. On discute encore plus, et ils se sont levés, allant et venant dans la pièce. Je leur demande ce qu'ils veulent faire ? Thomas, Vincent et Jean doivent partir. Louis dit : « Nous voulons une surboum la semaine prochaine ». Tout le monde est d'accord. Louis veut savoir pourquoi il n'est pas possible d'en avoir une cette semaine. (24) Je dis qu'ils n'ont rien préparé d'avance et que personne ne m'a donné la liste des noms des filles à inviter. Thomas et Vincent sont prêts à partir et debout, penchés sur Louis. Louis dit : « Ah, vous êtres restés plantés là et vous n'avez rien fait ». Thomas dit : « Quoi, vous ? eh bien, et toi ? tu n'as rien fait non plus ». Louis dit : « Je veux dire nous... ». Les quatre garçons restent dans la pièce ; ils jouent au billard. Louis dit : « Nous avons été dans le groupe, et nous ne sommes pas mieux pour cela ». (25) Je demande si c'est cela qu'ils attendent du groupe ? « Non » dit-il. Il a simplement voulu se joindre au groupe. Eric dit que je suis censé changer leur comportement. (26) Je demande si j'ai jamais esayé de le changer ? Il dit que l'achat des maquettes en est un exemple ; cela les a aidés. Je dis que c'était leur idée. « Oui, dit-il, mais vous nous avez aidé à les acheter ».

17 Janvier

... Je remarque que la semaine précédente, quelques-uns des garçons ont demandé à quoi sert le groupe. (27) Je me mets à raconter la conversation que Louis et Eric ont eu avec moi. « Oui, à quoi sert le groupe ? » avait dit Louis. Thomas lui dit : « Tu es idiot ». Louis lui rétorque : « Sais-tu à quoi sert le groupe ? ». Thomas sourit et dit : « Non », puis se tourne vers moi d'une façon interrogative. (28) Je parle du contrat de début, en commençant par les raisons qu'a l'institution de vouloir des groupes. Je poursuis en donnant leurs raisons à eux : avoir des voyages et des surbooms. J'explique que je me trouve là pour les aider au cas où il y aurait des problèmes au moment de l'organisation de ces activités. Je demande s'ils veulent que le groupe agisse différemment de ce qu'il fait jusqu'à présent. Ils répondent par la négative. Je leur demande s'ils veulent que j'agisse différemment. Thomas dit non, que ce que je fais est bien. Il dit alors que, comme je connais davantage qu'eux New York, ils aimeraient que je leur donne des conseils sur les endroits où aller. Eric ajoute que nous pourrions nous arrêter chez Louis en allant à New York. (29) Certains se mettent à rire et Louis dit qu'il ne veut pas y aller. Il apparut que pendant la semaine, Thomas l'avait emporté sur Louis.

A 7 heures, nous allons dans la salle de télévision. (30) Je leur montre les documents que j'ai sur la ville de New York et leur demande s'ils veulent les voir. Ils disent que je peux les garder jusqu'à la réunion. Je commence à lire les indications données sur quelques endroits. Il est question d'aller au spectacle, puis c'est abandonné quand ils découvrent que cela coûte 10 francs. L'idée d'aller visiter l'O.N.U. leur plait...

31 Janvier

... Louis propose que les garçons me donnent une liste de filles qu'ils veulent inviter pour qu'il n'y ait pas de problème plus tard. Tous les autres sont d'accord. Ils relisent la liste avec Thomas demandant à chacun, qui il va inviter. Quand ils en arrivent à Vincent, Louis dit qu'il va aller le voir dans sa chambre et lui demander. Il revient et dit qu'il n'est pas là. Les garçons se mettent en colère et disent qu'il est parti au cinéma. Ils veulent le punir. Eric veut l'empêcher d'aller à New York. Pour Louis, on doit lui laisser une deuxième chance. Eric remarque que comme président, il devrait être là. Les autres approuvent et disent qu'il ne fait pas son travail. Eric dit que Vincent ne devrait pas être président. Tous tombent d'accord et quelqu'un demande qui veut que Thomas soit président. (31) Le débat se poursuit. Thomas est alors élu et le « coup » est accompli. Eric continue à dire que l'on devrait punir Vincent d'une autre manière, car il se moque bien qu'ils lui aient retiré la présidence. Louis dit qu'il est d'accord, Vincent a tort, mais il pense qu'il doit avoir une deuxième chance. Thomas est d'accord avec Louis. Les garçons sont en colère après Vincent, et je demande si on pourrait aller chercher Vincent au cas où il serait là. Louis dit qu'il va le chercher. Il revient et dit que Vincent regarde la télévision et qu'il arrive. Il entre et s'assoit. Thomas le provoque en répétant ce qu'il a fait. Eric dit qu'il veut être sûr que Vincent n'ira pas aux fêtes ou à New York. Louis dit qu'il pense que Vincent a tort mais prend sa défense. Il ajoute que Vincent n'est plus président, et que Thomas a été élu. (32) Vincent dit que cela lui est bien égal et ne l'ennuie pas du tout. Vincent dit qu'il n'a simplement pas eu envie de venir à la réunion. Les garçons lui demandent s'il veut venir à la soirée le lundi suivant. Il répondit que non. (33) Je dis : « Vincent, quelque chose ne semble pas aller ? Y a-t-il quelque chose qui t'ennuie ? ». Vincent reste le nez baissé. (34) Je dis au groupe : « Quelque chose semble ennuyer Vincent, quelqu'un d'entre vous sait-il ce que c'est ? ». Thomas dit qu'il sait ce que c'est. Il dit que Vincent a été pris en train de mentir. Louis se tourne vers Vincent et lui demande ce que c'est. Vincent ne répond toujours pas. Louis lui dit qu'il doit y avoir une raison. Il y a toujours une raison. Louis et Thomas se moquent l'un de l'autre. C'est Thomas qui l'emporte. Vincent répond qu'il veut aller à New York et à la soirée. Il me donne le nom de la fille qu'il veut inviter...

(35) ... Je dis aux garçons qu'il ne leur est pas permis de flirter, d'avoir des filles sur les genoux pendant les soirées. Je raconte comment on est arrivé à discuter de cela à la réunion qu'il y a eu entre le service social et ceux qui s'occupent de l'animation du pavillon. Les garçons n'en sont pas ravis et demandent si c'est dû à quelque chose qu'ils ont pu faire à la dernière soirée. Je réponds que non. Ils se lancent dans une discussion sur le sexe. D'abord, ils reparlent des deux incidents au cours desquels Eric et Gilles ont été pris ayant des rapports sexuels. On se moque beaucoup d'Eric, à la fin il s'y met aussi. Les garçons commencèrent alors à discuter pour savoir si c'est bien ou mal d'avoir des rapports sexuels. C'est à ce moment que je dis : (36) « Vous savez, vous parlez beaucoup de sexe. Voulez-vous dire par là que vous voulez utiliser la réunion pour discuter de cela ? » Ils recommencent la discussion sur le fait d'embrasser ou de prendre les filles sur les genoux. Je leur dis qu'il allait y avoir des réunions avec le service social et l'animation de pavillon pour contribuer à travailler à cela. Louis dit qu'ils devraient pouvoir y aller. Je lui demande s'il est en train de dire qu'il veut y aller ? Il dit que oui. Je dis que je peux le demander mais ne pense pas qu'il y ait de grandes chances. Eric dit que le président devrait y aller. Louis dit que le président veut que lui y aille. Thomas dit que ce n'est pas la façon de faire, que même un président des Etats-Unis doit écouter les membres de son cabinet. Il demande si le reste de la bande veut que lui et Jean, le vice-président, y aillent ? Ils disent que oui. Louis ne dit rien là-dessus.

ANALYSE

1 C'était la première réunion du groupe. Elle avait été précédée de contacts « informels » dans le pavillon.

2 Définir le contrat (du point de vue de l'institution). Ce que le travailleur social a fait, c'était d'essayer de faire ressortir les visées de l'institution relatives à l'avenir des garçons. Il aurait pu aussi noter que l'institution reconnaissait qu'ils avaient à faire face à de nombreux obstacles et que le groupe était le lieu où ils pourraient s'aider les uns les autres.

3 Définir le contrat (du point de vue des membres du groupe). Le travailleur social aurait pu partager avec les jeunes certaines de leurs préoccupations qu'ils ont exprimées au préalable pendant la période où il s'était « mis à l'écoute » du groupe. Parmi ces préoccupations, il y avait leur rapport avec le système du personnel, leur avenir et leurs relations avec les filles. Il aurait pu ensuite demander leur réaction, ce qui aurait donné aux membres du groupe la possibilité d'accepter ou de rejeter son observation ou d'y ajouter d'autres suggestions.

4 Les garçons demandaient, semble-t-il, quel était le point de vue du travailleur social. Par sa réponse, il précisait pour le groupe ce qu'il n'allait pas faire, mais ne clarifiait pas suffisamment ce qu'il allait faire. A ce moment-là, il aurait pu développer davantage en expliquant qu'il ne serait pas facile de travailler ensemble à ces tâches et qu'il les aiderait s'ils avaient des difficultés.

5 Définir le contrat.

6 Offrir des choix.

7 Définir les limites. C'est un exemple où le travailleur social précise une limite et décrit sa responsabilité pour la faire appliquer plutôt que d'en faire une mise à l'épreuve de son autorité personnelle.

8 Le travailleur social fait apparaître qu'il peut y avoir un règlement dont il n'est pas au courant.

9 Procurer des données qui puissent servir.

10 Offrir d'autres possibilités.

11 Le travailleur social leur a dit qu'il ne savait pas quel était le règlement et comment l'appliquer. D'une certaine manière, le travailleur social demandait de l'aide pour *son* problème à lui. Thomas a remarqué que le travailleur social devait toujours avoir la même attitude et ne pas appliquer des règlements quand il n'est pas spécifiquement responsable de leur application. Le travailleur social décide d'aller chez Thomas.

12 Définir les limites : les règlements étaient établis par le chef du département du service social, en accord avec le directeur, à la demande de notre unité. Notre demande d'un règlement était la conséquence du manque de clarté de la politique de l'institution. Ainsi, embrasser les filles par exemple, était considéré comme une faute qu'on peut punir. Chaque membre du personnel appliquait ce règlement au hasard, car il était l'arbitre de la situation qu'il affrontait.

13 Définir des limites.

14 Il existe de nombreux facteurs qui se combinent pour créer une situation pavillonaire dans laquelle toute activité s'organise

pour une « adaptation » de l'interne, laissant très peu de possibilité pour des activités « orientées vers des buts ». De nombreux éducateurs reconnaissent le besoin d'une liberté de cette sorte, mais les impératifs du travail les obligent souvent à assumer totalement un rôle de garde policière.

15 Ce furent les garçons qui demandèrent l'excursion. Le travailleur social a transmis cette demande à l'administration.

16 Procurer les données qu'il faut.

17 Thomas et Louis sont toujours en conflit à propos du leadership du groupe. Habituellement c'était toujours Thomas qui gagnait. Comme le groupe avait été chez Thomas au cours d'une autre excursion, son opposition à la demande faite par Louis pour qu'on lui rende aussi visite avait une signification spéciale. D'un autre point de vue, il se peut que toute la question des visites chez eux ait été l'expression de sentiments qu'éprouvaient ces garçons à propos de la séparation ; ce qui est un thème significatif dans une institution du type internat. Ce qu'aurait pu faire à ce moment le travailleur social, c'est aider Louis à comprendre le lien entre ce qui le concernait lui, et ce qui concernait le reste des membres du groupe.

18 Noter un obstacle.

19 Recherche de faits.

20 Proposer des choix.

21 Amplifier un signal faible.

22 Noter les obstacles : si le travailleur social avait été sensibilisé sur le thème de travail important qu'est la séparation, il aurait pu tenter d'atteindre les sentiments de Louis pour sa famille.

23 Confronter avec la réalité contradictoire.

24 Définir les limites : établir une liste par des voies appropriées prenait du temps.

25 Louis allait vers une clarification de son problème parce que le travailleur social a répété son offre. Il communiquait de façon plus claire qu'il désirait de l'aide.

26 Le travailleur social se préoccupe de ne pas modifier le contrat passé originellement avec le groupe et en conséquence, il ne les aide pas à élaborer le désir indirect qu'ils expriment de modifier le contrat.

27 Amplifier un signal faible.

28 Définir un contrat. En n'aidant pas les membres du groupe à mettre au point ce qui les intéressait, le travailleur social ne

réussit pas à les aider, à dépasser le tabou qui pèse sur la demande d'aide.

29 Un rappel au travailleur social que le groupe a sa vie propre qui continue entre les réunions, des problèmes importants d'une semaine peuvent être résolus la semaine suivante. Cela fait apparaître à quel point il est important que le travailleur social soit à l'écoute des préoccupations actuelles des membres.

30 Procurer les données qu'il faut.

31 Le groupe a finalement résolu le conflit qu'il s'était lui-même créé lorsqu'il n'avait pas élu Thomas, le leader naturel, au poste de président.

32 Ecoute attentive. Le travailleur social se rendait compte que le travail du groupe s'était arrêté. Il essayait de trouver la raison de cette évasion.

33 Recherche de faits ou sentiments. Le travailleur social pensait que par son comportement, Vincent communiquait au groupe sa préoccupation. Ses actions étaient une « première offre » qui n'était pas claire. Le travailleur social essayait de l'aider à la résoudre avec une « deuxième offre » qui aurait pu permettre de lui faire dire ce qui le gênait.

34 Faire que le groupe fasse sien le problème de Vincent. Etre à la recherche d'une aide empathique.

35 Définir les limites.

36 Définir le contrat : est-ce qu'ils désirent un changement ? Le travailleur social a soulevé cette question pour que les membres du groupe puissent décider s'ils désiraient ouvertement changer le contrat. Une fois de plus, il ne les aida pas à examiner les communications qu'ils avaient entre eux et à reconnaître qu'ils désiraient changer leur contrat.

● **COMPTE RENDU N° 2**

DEVELOPPEMENT DE L'AUTONOMIE

Maintenir un soi « autonome » est difficile dans notre société. Le problème se complique pour celui qui est pensionnaire dans une « institution totale »[*]. Erving GOFFMAN a étudié certains des facteurs qui sont de nature à contribuer à la « dilution de l'identité »[**].

A l'extérieur de l'institution, on a l'expérience d'une certaine liberté et on est responsable face aux besoins de la vie quotidienne. Il faut se nourrir, s'habiller et se loger. Il faut aussi organiser ses loisirs, son travail et ses relations sociales. Dans « l'institution totale », tout cela est habituellement fourni à l'individu de la façon la plus économique possible. Ce type d'institution prend « toutes les responsabilités à la place du pensionnaire et lui assure tout ce qui est essentiel »[***].

GOFFMAN poursuit en notant que les institutions vont plus loin qu'assumer les besoins essentiels ou secondaires. Le système d'autorité qui est une façon d'assumer la responsabilité de la conduite personnelle, s'occupe d'un grand nombre de choses très diverses qui ne font pas habituellement l'objet d'une évaluation à l'extérieur. Il s'agit, entre autres, « de l'habillement, de la façon de se tenir, des rapports sociaux, des manières, etc. »[****].

A la lumière de la présentation faite par ENGLISH et PEARSONS des tâches principales de l'adolescence, examinons les idées de GOFFMAN sur l'institution. Un adolescent en institution n'a guère l'occasion « de réaliser une intégration de sa personnalité, qui lui permette en prenant des responsabilités, d'atteindre une certaine maturité ou de réaliser son émancipation vis-à-vis de ses parents et sa famille »[*****]. Bien que la préparation de leurs pensionnaires à une vie indépendante à l'extérieur soit le but de la plupart des institutions, c'est en réalité l'apprentissage à une vie dans le monde institutionnel que font ces jeunes.

Un autre problème soulevé par GOFFMAN est le développement d'un

---

[*] N. du T. — « Total institution » a été traduit ici par « Institution totale », total étant pris dans le sens de « toutes les parties, tous les éléments considérés », ce type d'institution assumant l'essentiel des besoins et de la conduite personnelle ; l'adjectif « totalitarian », totalitaire, n'étant pas utilisé par l'auteur. Cependant nous signalons que L. LAINE a traduit « Total institution » par « Institution totalitaire » dans l'ouvrage d'E. GOFFMAN, **Asiles,** publié aux Editions de Minuit en 1968.
[**] Erving GOFFMANN, « Characteristics of a total institution », **Identity and anxiety,** STEIN, VIDICH and WHITE, editors (Illinois, Free Press of Glencoe, 1960), pp. 449-479.
[***] Ibid., p. 452.
[****] Ibid., p. 455.
[*****] ENGLISH et PEARSONS, op. cit., p. 213.

type d'« échelon » dans le système d'autorité. Il le décrit ainsi : « Tout membre de la catégorie du personnel a certains droits pour imposer la discipline à un quelconque membre de la catégorie des pensionnaires »*. Le nombre de personnes en position d'autorité, et le nombre de domaines qui doivent être contrôlés par l'autorité, dépassent de beaucoup ceux du monde extérieur. Pour faire face à cette situation de vie, les résidents élaborent des stratégies pour se défendre. Ces stratégies compliquent encore plus la relation symbiotique existant entre le personnel et les pensionnaires.

Dans le compte rendu qui suit, la soumission semble être le choix des membres du groupe. Il s'agissait des jeunes habitant à l'étage d'honneur. Ils étaient les seuls bénéficiant d'un grand nombre d'avantages. En échange, ils se conduisaient de façon « correcte ». Les autres élèves en parlaient avec mépris, comme des « béni oui oui ». Le personnel des pavillons qui bénéficiaient de leur attitude d'acquiescement trouvait excessif leur degré d'« adaptation ».

Dès le début du travail, l'alternative domination-soumission avait été soulevée. C'était le travailleur social qui allait « faire quelque chose pour eux ». Quand on les écoutait rapporter ce qui s'était passé précédemment avec un autre travailleur social, leur manque apparent d'initiative et de compétence paraissait faire partie de leur stratégie dans leurs rapports avec les adultes dominants. Notre réaction a obligé les membres du groupe à repenser leur rôle dans ce système d'aide.

1er Novembre

J'explique que, comme la plupart des garçons le savent déjà, je me trouve là pour savoir si cela les intéresse d'avoir un groupe. J'ajoute qu'il est apparu d'après mes récentes visites au 3e étage, que les garçons sont nombreux à vouloir faire partie d'un groupe. (1) Nous commençons à parler de ce qu'ils ont fait l'année précédente. J'entends quelques grognements. Didier dit que le groupe a organisé des surboums. Je pose des questions sur ce qu'ont été ces surboums. Didier dit qu'il y en a eu seulement deux ou trois et que les filles n'ont participé qu'à une seule. Il dit qu'ils ont eu grande difficulté à avoir cette fête. (2) Comme je lui pose des questions sur ce qu'a été la difficulté, il dit qu'ils ont dû tout organiser : « Nous avions même décidé ce que nous voulions pour le buffet ». Juste avant que les dernières décisions soient prises (3), M. Harry, dit-il, est venu à la réunion pour nous dire que huit garçons seulement pourraient y participer. Didier

---

* GOFFMAN, op. cit., p. 455.

dit alors :« Qu'est-ce que cela veut dire, une surboum où seulement huit types peuvent aller ? Nous ne voulons pas de surboum comme cela ». (4) Je demande ce que cela a fait au groupe. Didier dit qu'ils ont tous été furieux et ont quitté la pièce. « Nous ne voulions plus rien avoir à faire avec le groupe, nous étions tous furieux après M. Harry ».

... Nous continuons à parler de ce qu'a fait le groupe l'année dernière. Didier dit que, à peu près chaque semaine, ils ont parlé « de rien ». (5) Je leur demande s'ils peuvent me donner un exemple. Thomas dit qu'ils ont parlé chaque semaine de la même chose. Il dit aussi que M. Harry commençait toujours la réunion en demandant comment ils travaillaient et s'ils avaient des problèmes. Je n'aime pas, semaine après semaine, parler de mon travail, explique Didier. La plupart des autres garçons sont du même avis. Je leur demande s'ils n'ont parlé que de leur travail. Thomas dit qu'ils ont fait des projets au cours des réunions. Henri ajoute qu'ils en ont fait beaucoup. Didier dit : « Oui, nous avons tout fait ». (6) Je demande : « Pensez-vous que M. Harry aurait dû faire davantage pour « vous » ? » Didier dit : « Bien sûr, c'est pour cela qu'il était là... pour faire des choses pour nous ». Je remarque que la plupart des garçons acquiescent autour de moi... Nous parlons alors de mon rôle avec le groupe du 3ᵉ étage. (7) Je leur explique que je n'allais pas faire leur travail, mais que je serais très heureux de les aider, de tous mes moyens, à mettre leurs projets à exécution.

8 Novembre

... La conversation revient sur ce que les garçons aimeraient faire, en tant que groupe. Thomas me demande si le groupe se réunira dans la salle commune chaque semaine. (8) Je dis que le groupe doit en prendre la décision lui-même et demande s'ils ont des remarques à faire. Gérard, qui depuis le début avait écouté silencieusement, dit qu'il pense que ce serait une bonne idée que le groupe se réunisse ailleurs. Il fait remarquer que la pièce est sombre et que lorsqu'il est arrivé dans le groupe l'année précédente, toutes les réunions avaient lieu dans la salle commune. Didier propose d'utiliser une autre pièce dans le bâtiment administratif. Jacques dit qu'il aime cette pièce et demande s'il serait possible de l'utiliser. (9) Je dis que le lundi soir est très pris, mais que je serais heureux de m'informer pour voir si nous pourrions l'utiliser. Le groupe pense que 7 heures serait le meilleur moment pour commencer la réunion. Didier propose que j'appelle M. Hansen pour voir si le groupe peut utiliser la pièce...

15 Novembre

Les garçons m'attendent dans la salle commune du 3ᵉ étage. Quelques-uns entrent dans la pièce juste après moi. Jacques demande si personne ne va à la séance présentée par les élèves d'une autre institution. Les garçons se regardent. (10) Je demande s'ils préfèrent aller à cette séance plutôt que d'avoir une réunion. Didier dit qu'il ne veut « ... aller à aucun spectacle avec ces gosses ». Noël ne veut pas non plus y aller et préfère avoir la réunion. Didier demande combien de garçons veulent avoir une réunion. La plupart de ceux qui sont là disent qu'ils souhaitent avoir une réunion. Ils disent qu'ils pensent que le groupe se réunira...

22 Novembre

... Didier engage la discussion en me questionnant sur le résultat de ma démarche à propos de la possibilité d'avoir une surboum. (11) Je leur dis que l'institution est d'accord pour que le groupe organise une surboum. Camille sourit et avec excitation commence à discuter d'une date possible. Il propose la date du lundi suivant. Simon et Noël disent qu'ils sont déjà invités à une autre soirée et ne pourront pas venir. Gérard dit qu'il y a déjà deux autres soirées prévues ce même soir. Il ajoute qu'à son avis, ce ne serait pas facile de trouver un local : « Nous ne voulons pas faire notre surboum avec un autre groupe ». Alors, René demande si certains ont d'autres idées. La discussion continue encore quelques minutes sans qu'aucune décision ne soit prise. (12) Je dis alors que pour prendre cette sorte de décision, il y a plusieurs points à considérer et fais ressortir alors où se situe le problème. Camille reprend chaque possibilité et arrive à circonscrire le problème...

Didier commence à faire la liste des filles qu'ils veulent inviter. Sans hésitation, les garçons qui ont des petites amies s'offrent à aider ceux qui n'en ont pas. (13) Pendant au moins 20 minutes je me tiens sur le côté, les garçons donnent leurs noms à Didier, choisissent les filles et parlent avec excitation de la soirée...

29 Novembre

... Comme je terminais ce que j'avais à dire, Jacques entre avec hésitation dans la pièce. Jacques, qui a été absent aux quatre dernières réunions, se tient debout à l'extrémité de la table et regarde autour de la pièce. Les garçons font silence. Jacques me regarde. Je lui souhaite la bienvenue, en disant que Monsieur Clair lui a dit de venir. Camille dit : « C'est exactement comme cela que ça s'est passé l'année dernière ». Les garçons restent tranquilles quelques minutes ; Jacques est toujours debout. (14) Je demande à Camille ce qui s'est passé l'année dernière. Camille raconte que quelques-uns sont venus à quelques réunions et ensuite, cela ne les a plus intéressés. Jacques dit que M. Clair lui a dit de venir, et que la question de savoir s'il resterait ou non dépend de moi. (15) J'explique à Jacques que les décisions prises par ce groupe sont prises par les membres. Jacques dit que cela dépend alors du groupe. Les garçons sont très silencieux, apparemment pas du tout à l'aise. Après environ 15 secondes de silence (16), Gérard remue sur son siège et demande à Jacques pourquoi il a tout à coup décidé de venir à une réunion, alors que le groupe se réunit déjà depuis cinq semaines environ. Jacques répète que M. Clair lui a dit de venir ; il ajoute que cela l'intéresse de se joindre au groupe, si je suis d'accord. Tous les garçons me regardent. Je réponds en déclarant : « Voyons les gars, ceci est votre groupe et non le mien : c'est votre soirée à vous, avec vos projets, et non la mienne. C'est à vous de décider à propos de Jacques, c'est votre problème. » Camille demande alors aux autres ce qu'ils en pensent. Ils passent plusieurs secondes à se regarder puis Guy dit qu'il pense que Jacques doit rester. Plusieurs des garçons y compris Paul, Robert et Maurice donnent leurs points de vue qui sont différents. Camille raconte à nouveau ce qui s'est passé l'année dernière : un garçon est venu au groupe juste avant une activité et n'a plus continué à venir. (17) Je demande à Camille s'il pense que Jacques vient au groupe seulement parce qu'il y a une soirée. Il dit : « Oui, c'est bien ce que je dis ». Plusieurs autres membres du groupe acquiescent. Jacques réplique qu'il veut faire partie du groupe mais « ... si le groupe ne me veut pas, je partirai ». (18) Je demande aux garçons ce qu'ils veulent faire, indiquant qu'il faut prendre une décision. Gérard dit qu'il pense que ce serait mieux s'il devenait membre du groupe après la soirée. Il ajoute que comme Didier est parti pour une longue permission, le groupe ne sera pas plus nombreux. René prend alors la parole et fait remarquer que Didier peut revenir. Gérard me demande ce que j'en pense. Je dis que la décision doit être prise par le groupe. Un vote est demandé par Gérard et le groupe décide que Jacques en deviendra membre après la soirée. (19) Je demande à Jacques ce que cette décision lui fait. (20) Il dit qu'il aimerait devenir membre du groupe et que cette décision lui semble satisfaisante. Les garçons semblent très soulagés qu'une décision ait été prise.

Discussion avec M. Hansen, Responsable du Service des Loisirs.

M. Hansen dit que juste après notre appel, il s'est souvenu qu'une soirée en ville avait été prévue à l'occasion de Noël, juste le même soir que celle prévue par le groupe. Il poursuit en disant qu'elle est organisée pour les orphelins et que quelques-uns des membres du groupe sont dans cette situation et pourraient y aller. Certaines des filles invitées à la soirée du groupe sont aussi sans parents. Je demande à M. Hansen quel est, à son avis, le problème. Il dit qu'il doit y avoir un certain nombre d'élèves pour la soirée de Noël et me demande si je peux reculer de huit jours la date de la soirée du groupe. J'explique que la soirée a été organisée par les membres du groupe, et qu'ils ont décidé de la date. J'ajoute que cette sorte de décision devrait être prise par les membres du groupe. (21) M. Hansen me fait part des problèmes qu'il a lorsqu'il organise ce type d'activité. Je lui dis que je vois très bien ce qu'il en est. Il se peut que je puisse éclaircir la situation en en parlant aux garçons le plus tôt possible, pour savoir ce qu'ils décideront. M. Hansen dit qu'il me saurait gré de connaître bientôt « leur » décision. A cela il ajoute qu'il connaît d'avance ce qu'il en sera : d'aller à la soirée avec une petite amie. Je souris et dis qu'il a peut-être raison. M. Hansen acquiesce et dit : « Très bien, cela serait mieux je pense ».

10 Janvier

Tout en allant du pavillon à la pièce du bâtiment administratif, Gérard dit qu'il se demande qui pourrait être président car Didier, pendant les vacances est parti au centre intermédiaire. Je demande à Gérard qui, à son avis, sera président. (22) Il pense que : « Un des membres du « conseil » doit prendre cette place. Qui voulez-vous ? ». (23) « Ce n'est pas mon groupe, lui dis-je, et je ne pense pas que je dois faire un choix ». J'ajoute qu'il me semble que c'est le groupe qui doit décider. Gérard dit qu'il amènera cela sur le tapis à la réunion.

Lorsque les garçons prennent place dans la pièce, Gérard prend le siège qu'occupait habituellement Didier. « Didier est parti, dit Gérard, je propose qu'un nouveau président soit choisi ». Camille demande comment il faut faire. Simon lève la main et dit que les membres du groupe peuvent se porter « volontaires » et alors « les gars pourront choisir qui ils veulent ». Gérard dit qu'il est volontaire. Personne d'autre ne parle. Thomas dit que Gérard a été trésorier et propose qu'il soit élu président. Camille dit que lui aussi pense que Gérard doit être nommé. Gérard les regarde les uns après les autres. Tous semblent satisfaits de la décision prise. Quant à Thomas, il veut parler de ce que le groupe fera la semaine prochaine. Cela semble mettre le point final au choix du président.

14 Février

(24). Pendant que Gérard, René, Camille et Simon sont partis en ville pour acheter ce qu'il faut pour la soirée, je découvre qu'ils ont fait beaucoup de préparatifs pour l'organisation du menu. Ils ont contacté le responsable de la cuisine pour le rafraîchissement des boissons et des denrées périssables. Gérard s'est occupé d'entreposer les autres denrées dans la salle commune, qui sera fermée à clef jusqu'à ce que tout commence. Il semble que les garçons ont été heureux de faire les courses. Ils ne me posent des questions que sur les prix de leurs achats. Je leur demande s'ils sauront faire les comptes, Gérard m'emprunte un stylo et fait le décompte de l'argent dépensé. Il manque seulement 10 centimes. Il semble très satisfait que son décompte soit si juste. Fièrement, il montre à Camille ainsi qu'à moi la liste qu'il a établi et fait remarquer qu'il ne manque que 10 centimes. Gérard sourit lorsque (25) je lui demande ce que cela lui fait d'avoir mener à bien ce travail. Il s'esclaffe et dit : « Oui, au moins je sais que je peux aller faire des courses ».

21 Février

... Guy arrive le premier à la porte. Il dit que deux nouveaux garçons sont arrivés au 3e étage et que (26) les membres présents avaient décidé que ce serait très bien s'ils venaient au groupe, si moi aussi j'étais d'accord. Je dis que le groupe est leur groupe et que s'ils souhaitent prendre deux nouveaux membres, c'est au groupe d'en prendre la décision. Henri s'adresse aux deux nouveaux membres et leur dit que comme les garçons de l'étage leur ont dit qu'ils pouvaient venir, il pense qu'ils sont maintenant membres.

ANALYSE

1 Contrat. Le groupe se réunissait l'année précédente. Le travailleur social réagit aux besoins des membres en examinant leur expérience antérieure, ce qui est une façon de les amener à un nouveau point de départ.

2 Atteindre le négatif.

3 M. Harry avait été leur travailleur social. Il transmettait une décision de l'institution de limiter l'ampleur des fêtes pour que le groupe soit plus petit et sa gestion plus facile. Cette décision avait été prise après que le groupe ait terminé l'organisation complète de la soirée.

4 La recherche des sentiments.

5 Aider les membres du groupe à préciser davantage ce à quoi il s'intéresse.

6 Interpréter les indices du langage verbal. Recherche de faits.

7 Dans cette discussion, les garçons étaient ouvertement hostiles. Cela contrastait brutalement avec leur soumission presque complète au personnel du pavillon. Le travailleur social pensa que c'était leur façon d'en venir à parler de son rôle et il y répondit en décrivant ce qu'il allait faire.

8 Définir le contrat. Le travailleur social indique qu'il partage l'autorité dans le groupe. Bien que le travailleur social énonce explicitement son rôle, c'est par ses actions comme par exemple celle-ci qu'il en communique la réelle signification.

9 La salle 120 est une salle de conférence pour le personnel qui n'est pas généralement considérée comme pouvant être utilisée par les élèves. C'était le premier groupe d'élèves qui obtenait la permission d'en user.

10 Offrir d'autres choix. C'était aussi une définition plus poussée du contrat et le travailleur social remarque que c'est leur groupe et qu'il ne se réunira que s'ils le veulent.

11 Les membres du groupe s'attendaient à ce que leur demande soit rejetée. Ils furent surpris de découvrir que la politique de n'avoir que des petits groupes (pour les soirées) pouvait être modifiée. Le travailleur social avait transmis à l'administration leur demande, en soulignant quelques-unes des raisons qui, à son avis, feraient qu'une telle expérience pouvait être bénéfique pour le groupe. Le travailleur social s'efforçait d'être le médiateur entre son groupe, recherchant les services de son organisme et l'institution qui s'organisait pour les offrir. Une fois ce rapport établi, la politique de l'année précédente fut modifiée.

12 Fragmenter le problème.

13 Les membres du groupe pouvaient prendre en main l'organisation et s'en occuper sans l'assistance du travailleur social. Pendant qu'ils travaillaient, il écoutait pour repérer un indice montrant que le travail s'arrêtait. Son contrat initial lui offrait une base de référence sur ce qu'était le travail du groupe. Cela représente l'amorce d'un mouvement des membres du groupe les éloignant du travailleur social et les rapprochant les uns des autres.

14 Aider le client à préciser ce qui le concerne.

15 Définir le contrat.

16 Attendre pour que le problème émerge.

17 Amplifier un signal faible : le travailleur social interprète l'indice comme se rapportant à Jacques. En amplifiant le signal, il met en cause le tabou du groupe qui restreint leurs efforts pour travailler ces difficultés.

18 Le travailleur social demande aux membres du groupe de mettre fin à leur travail sur la question. Prendre une décision les fera avancer.

19 Atteindre les sentiments.

20 On peut considérer cet incident comme une mise à l'épreuve permettant de juger du respect qu'éprouve le travailleur social à l'égard de l'intégrité du groupe. Dans le passé, la sélection des membres du groupe avait été décidée par d'autres. La résistance qu'au début les membres du groupe avaient pour prendre une décision peut aussi être considérée comme une tentative faite pour éviter une question difficile. D'avoir quelqu'un qui prendrait la responsabilité de toutes les questions « épineuses » présentait certains avantages.

21 Il y a de nombreuses pressions en jeu quand on essaie d'organiser quelque chose pour un grand nombre. Cela explique en partie, les tendances qu'on trouve dans toutes les institutions totales à tenir les individus en dehors du processus de prise de décision. En termes pratiques, la liberté de choix individuelle risque d'empêcher que les mouvements de masse se fassent sans heurts. Le travailleur social aurait pu avoir encore plus de poids s'il avait pu donner à M. Hansen quelques-unes des raisons pour lesquelles c'était au groupe de choisir.

22 Un groupe de cinq membres qui s'asseyait à l'avant pendant les réunions et qui assumait ensemble un rôle de leadership. Les autres membres parlaient d'eux comme du « conseil de direction ».

23 Définir le contrat : au début quand le groupe a commencé à choisir un leader, le travailleur social fut prié de clarifier son rôle. Etant donné qu'il comprenait ses tâches comme distinctes de celles des membres du groupe, cela l'aida à ne pas prendre la fonction de membre.

24 La simple action de faire ses courses soi-même prend une signification spéciale lorsque quelqu'un a passé la plus grande partie de sa vie dans une institution totale.

25 Le travailleur social partage ce que ressent le groupe, que ce soit bon ou mauvais.

26 En en décidant eux-mêmes, les garçons ont fait un choix indépendant. Cela représente un progrès, puisque auparavant ils considéraient que la décision totale sur l'appartenance au groupe revenait au travailleur social.

● **COMPTE RENDU N° 3**

TRAVAIL AVEC UN MEMBRE DEVIANT : LE GROUPE, SYSTEME D'AIDE MUTUELLE

Le compte rendu qui suit décrit le travail d'un groupe de 11 filles de 16 à 18 ans. Le groupe a été formé par le travailleur social qui a rassemblé ces jeunes filles à leur demande, car elles souhaitaient avoir des activités de groupe. Primitivement, leur objectif était d'utiliser le groupe comme moyen pour organiser des activités sociales et de loisirs. Au fur et à mesure que le groupe travaillait à cette tâche, il devint de plus en plus clair que ses membres désiraient aussi être aidés à résoudre certains de leurs problèmes de vie. Le travailleur social a rendu cette demande explicite quand le groupe a décidé d'introduire cet objectif dans son contrat.

Ce compte rendu montre très précisément l'interaction entre un membre du groupe et le groupe. Marlène était le membre du groupe le plus agressif, provoquant constamment les filles et le travailleur social. Ses provocations étaient souvent de nature sexuelle. Il s'agissait de ses difficultés à établir une relation satisfaisante avec le sexe opposé. Ces deux schémas de comportement chez Marlène étaient sa façon de communiquer au groupe deux appels :

... Aidez-moi, je ne suis pas sûre de savoir comment mener une relation avec les garçons,et

... Regardez-moi, j'ai quelque chose que vous n'avez pas.

Le travailleur social avait le sentiment que ces communications s'enchevêtraient. Le problème atteignait un stade critique lorsque Marlène eut une aventure sexuelle presque au vu de tout le monde. L'intense réaction du groupe parut renforcer l'hypothèse que les difficultés de Marlène dans ses relations hétérosexuelles étaient liées à ses relations avec les filles (du groupe). Ses actes paraissaient signifier qu'elle désirait de l'aide en même temps qu'elle rejetait celle-ci. Comme généralement, on pense qu'il est nécessaire pour obtenir de l'aide de se mettre en situation de dépendance pénible, on peut comprendre les actes de Marlène comme une communication de ses besoins conflictuels : le désir d'être aidée et, en même temps, celui de rester dominante dans la relation. Dans un système d'aide mutuelle sain, il devrait être possible d'obtenir une aide sans être dominant ou dominé.

Ce compte rendu montre les efforts que fit le travailleur social pour aider Marlène et les autres filles à donner libre cours aux formes d'aide mutuelle propre au groupe. Il montre aussi comment Marlène a utilisé un nouveau savoir-faire pour communiquer ses sentiments et traiter des problèmes avec ses pairs.

29 Novembre

(1). L'invité de Marlène n'a pas pu venir à la soirée parce qu'il était en retenue. Cette après-midi là, elle invite quelqu'un d'autre. Marlène et Thérèse vont et viennent du piano à la fontaine dans le hall. Dehors, dans le hall, elles sautent çà et là, comme si elles dansaient ensemble. (2) Marlène relève sa jupe et fait semblant d'entrer à l'intérieur de la pièce pour montrer ses culottes aux garçons. Elle se plaint sans cesse parce que son ami n'est pas là et dit qu'elle ira le voir dans le pavillon. Elle demande au travailleur social de l'y envoyer ou de la laisser y aller. (3) Le travailleur social dit qu'elle ne peut pas y aller, mais que c'est dommage qu'il ne puisse pas venir. (4) Il comprend ce que Marlène ressent.

20 Décembre

Thérèse, Hélène, Marlène et Eva accompagnent le travailleur social pour acheter de la nourriture pour la surboum. (5) Marlène demande avec insistance si elle peut acheter un pot de confiture ; le reste du groupe ne dit rien. Elle continue à parler d'acheter cet article et tourne en rond, le tenant à la main, bien que personne ne s'oppose à cet achat. Eva alors y va, et dit qu'elle achètera aussi un pot de confiture. Les deux filles demandent au travailleur social si c'est possible. Le travailleur social dit que ce n'est pas à elle de décider. Lorsque nous terminons les achats, Thérèse veut acheter des cacahuètes mais il n'y a plus assez d'argent. Le travailleur social fait remarquer qu'on peut rendre quelque chose si les filles veulent acheter des confitures. Thérèse ne veut pas. Elle ne semble pas disposée à s'arroger le droit de rendre ce que d'autres filles ont acheté. Thérèse ne veut pas affronter Marlène ni Eva en rendant l'un des pots de confiture. Avant de partir Eva rend le pot, disant qu'elle le fait pour le bien du groupe et attrape Marlène parce qu'elle ne fait pas la même chose...

(6). Marlène passe un temps considérable à défaire les boutons du haut de son corsage prétendant qu'elle va le retirer. Ensuite, elle dit au travailleur social qu'elle est allée à l'infirmerie ce jour-là pour savoir si elle était enceinte. Le travailleur social demande le résultat. Elle dit qu'elle ne l'est pas. Elle dit qu'elle a vu un garçon qu'on examinait pendant qu'elle y était. Elle essaie d'attirer l'attention des garçons qui sont autour d'elle. Ils l'ignorent.

17 Janvier

Marlène commence à appeler à grands cris le travailleur social pour qu'il l'aide à trouver des affaires. Son attitude est hostile et exigeante. (7) Elle dit au travailleur social qu'elle ne l'aidera pas. Le travailleur social lui demande ce qui ne va pas et pourquoi elle semble avoir tant de difficultés. Marlène lui dit de ne pas s'occuper d'elle. Le travailleur social dit qu'il voudrait savoir pourquoi elle est irritée. Marlène vient vers lui et dit que c'est parce qu'il n'a pas voulu la laisser voir son ami à midi. (8) Le travailleur social lui rappelle qu'elle a quitté son bureau pour voir son ami et qu'elle n'a rien dit. Marlène dit que c'est vrai. Le travailleur social dit qu'il doit y avoir autre chose. Il pose ses mains sur les épaules de Marlène, montrant sa frustration et substituant une communication physique à une communication verbale. Marlène se met à rire et retourne faire de la cuisine. Les relations entre le travailleur social et Marlène paraissent se détendre.

7 Février

Hélène parle aux filles d'un incident qui a eu lieu avec les garçons dont elle parle comme étant ses frères. Ils l'ont obligée à rendre les cigarettes qu'elle avait prises. Elle dit que les garçons ne lui parleraient pas si elle n'allait pas à la soirée cette nuit. Elle semble se réjouir qu'ils s'occupent d'elle. Marlène qui est étendue sur le divan, prend part alors à la conversation en disant : « Je pensais que nous allions parler de nos problèmes ». (9) Le travailleur social répond : « Si vous voulez le faire ». « Mais je n'ai aucun problème cette semaine », répond Marlène.

14 Février

Eva commence par dire qu'elle s'est bien amusée aujourd'hui. Marlène dit qu'elle a peur d'être en difficulté. Le travailleur social lui lui demande pourquoi. Elle cherche des échappatoires, pour finir par admettre qu'il se peut que tout soit exposé au grand jour. Le travailleur social demande si elle a fait quelque chose qui puisse l'avoir causé. Elle dit que non...

... Nous allons jusqu'au bureau pour demander un livre. Marlène dit au travailleur social qu'elle a peur. Le travailleur social lui demande pourquoi ? Elle dit qu'un surveillant l'a attrapée quand Eric et elle s'embrassaient et elle pense qu'il aurait pu penser qu'ils faisaient quelque chose d'autre. Elle insiste : ils ne faisaient rien d'autre ; ce n'est qu'après la réunion que j'ai découvert qu'elle avait été prise par un surveillant d'un pavillon alors qu'elle avait des relations sexuelles avec Eric dans le sous-sol du pavillon des garçons. Elle s'était arrangée pour que deux filles se tiennent là pour faire le guet, s'assurant ainsi que tout le monde découvrirait son aventure.

17 Février

(10). Le travailleur social explique qu'en raison de l'incident du lundi, il doit faire un grand effort pour être en mesure de voir les filles à tout moment. Immédiatement, les filles tombent sur Marlène, qui n'est pas là, pour dire que c'est de sa faute. Le travailleur social avait confiance en elles et Marlène a tout gâché... Thérèse et Hélène disent qu'on devrait s'arranger pour que Marlène parte du groupe. Il est proposé qu'Eva soit mise dehors aussi. Les filles disent qu'Eva pense trop aux garçons...

21 Février

Le travailleur social explique que pour les soirées certaines règles nouvelles ont été décidées entre le service social et le service d'animation des pavillons, et commence à les lire au groupe. Hélène se tourne tout de suite vers Marlène et dit : « C'est à caue de toi, Marlène que nous avons ces nouvelles règles », « Je le sais » dit Marlène, et elle rit. Cela crève l'abcès et elles parlent de ce qui est arrivé. Marlène dit aux filles que le problème a été que celles qui faisaient le guet sont probablement allées « cafter » ; que c'est pour cela qu'ils ont été pris. Hélène lui dit qu'elle a mal agi. Marlène accepte ce blâme disant qu'elle savait qu'elle avait mal fait. Hélène continue, accusant Marlène de coucher avec tout le monde, ce que Marlène rejette fortement. Elle n'a qu'un ami et il est le seul avec lequel elle couche, bien qu'elle ait déjà couché avec d'autres garçons avant qu'elle ne vienne ici. Hélène, baissant la tête, dit d'une voix tranquille : « Les autres filles dans le club pourraient te demander de partir ». Elle regarde le travailleur social pour qu'il l'aide. (11) Le travailleur social demande à Hélène si elle fait allusion à ce dont elles ont discuté mardi dernier. Hélène dit oui. (12) Le travailleur social dit à Marlène que les filles ont parlé de lui demander de quitter le club à cause de son comportement du lundi précédent. « Je m'en moque », réplique Marlène. (13) Le travailleur social demande à Marlène si réellement cela lui est égal. La réponse de Marlène est que oui, et elle tourne le dos pour regarder par la fenêtre. Elle demande au travailleur social qui est la personne qui se trouve dehors. Le travailleur social s'approche de la fenêtre et lui dit que c'est Mademoiselle Dore, Marlène dit qu'elle ne l'aime pas. Marlène a réussi à éluder la question et à ce que le travailleur social la suive.

Marlène, assise, fronce les sourcils (14), le travailleur social lui demande si elle est triste ou en colère. Elle dit qu'elle en a assez de l'institution. Le travailleur social lui demande pourquoi, elle dit que c'est seulement ça. Le travailleur social fait remarquer que si elle pouvait dire pourquoi, le groupe pourrait peut-être l'aider. Marlène reste silencieuse. (15) Le travailleur social s'adresse alors au groupe et demande si quelqu'un sait ce qui ennuie Marlène. Hélène dit qu'elle pense le savoir. Elle regarde Marlène et toutes deux sourient. Hélène mentionne alors deux exemples de filles qui ont été lâchées par leur petit ami. Marlène regarde le travailleur social et dit : « Vous savez, les garçons par ici font cela tout le temps, ils vont avec vous, vous laissent tomber puis vous reprennent ». (16) Le travailleur social demande si c'est ce qui est arrivé entre Marlène et Eric, elle acquiesce. Le travailleur social demande alors si elle sait pourquoi il l'a laissée tomber ». Marlène dit que souvent les garçons font cela sans donner de raisons. Les autres filles sont d'accord avec ce qu'elle dit. Le travailleur social demande à Marlène si elle a posé la question à Eric. Elle dit qu'il est simplement venu jusqu'à elle en lui disant : « Je te laisse tomber ». Hélène fait remarquer que cela est arrivé à X., et que quelqu'un lui a dit de ne pas faire l'idiote. La troisième fois, elle refusa de retourner avec lui. Le travailleur social demande ce qui est alors arrivé : « Il va maintenant avec Yvonne », dit-elle. Marlène demande aux filles de l'aider à trouver des garçons à inviter pour la prochaine soirée. Elles sont toutes d'accord et commencent à chercher ensemble. Peu de temps après cette réunion, Marlène demande à parler au travailleur social homme, du groupe d'Eric. En voici le compte rendu.

3 Mars

... Alors que nous nous en allons, Marlène dit : « Comment se fait-il, Monsieur Gabin, que les garçons nous laissent tomber sans rien dire ». Je dis que c'est une question à laquelle il n'est pas facile de répondre, et que je ne sais pas si je peux y répondre. Lorsque nous arrivons à mon bureau, elle dit qu'elle ne sait pas pourquoi Eric l'a laissée tomber. Elle baisse la tête et elle parle bas. (17) Je lui demande si cela la contrarie. Elle dit que oui. (18) Je lui demande si elle est venue chercher de l'aide. « Oui », dit-elle. Je lui demande ce qu'elle veut que je fasse. Elle ne sait pas, mais dit qu'elle ne sait pas pourquoi il l'a laissée tomber et qu'elle veut « très fort » aller avec lui. Il y a un cœur dessiné sur sa main avec E.B. et M.T. (19) Je dis que si elle veut, je peux l'aider et lui redire ce qu'elle a dit. Elle dit que ce serait bien. Je dis que je parlerai à Eric et lui dirai qu'elle veut lui parler parce qu'elle ne comprend pas pourquoi il l'a laissée tomber. Je poursuis en lui disant que je ne pourrai pas dire à Eric de lui parler, mais je pourrai seulement l'aider à dire à Eric ce qu'elle pense et aider Eric à lui dire ce que lui pense. Elle dit qu'elle comprend.

Je vois Eric dans la soirée, ce jour-là ; une fois que c'est terminé, je lui dis que Marlène veut lui parler. Il semble peiné et les mots lui manquent. (20) Je lui demande ce qu'il a. Il dit qu'il ne sait pas quoi dire. Il dit que c'est une écervelée et qu'elle ne veut pas l'écouter. « Elle a presque 18 ans, dit-il, ça ne se dirait pas quand on voit comment elle agit ». Je lui demande s'il veut le lui dire. Il dit qu'il n'a rien à lui dire. Comme nous nous dirigeons vers le pavillon (21), je lui demande si cela n'a rien à faire avec les rapports sexuels qu'il a eu avec elle. Il dit non. Il semble toujours très hésitant et troublé. Je dis qu'il a l'air d'avoir un moment difficile à cause de cela, il dit que non.

Le lendemain matin, je rencontrai Marlène et lui dis qu'Eric ne veut pas lui parler. Elle baisse les yeux, l'air triste. (22) Ça ne me disait rien d'avoir à lui dire cela et je me suis senti extrêmement mal à l'aise. (23) Je lui dis que je peux prendre part à la peine qu'elle ressent certainement. Elle murmure oui. Je dis que cela doit être encore plus difficile pour elle, étant donné qu'elle a essayé d'en sortir et a été rejetée une nouvelle fois. « Oui ! », dit-elle. Nous restons assis quelques minutes sans rien dire, puis elle se lève. Je lui dis que si je peux l'aider en quelque chose, elle peut me le faire savoir.

La relation de Marlène avec les filles dans le groupe et le travailleur social fut moins provocante. Elle eut tendance à s'éloigner des activités sociales et des garçons en général. Il semblait qu'elle s'engageait dans une sorte d'entr'acte dont elle pouvait avoir vraiment besoin après six mois de tempête. Sa participation aux activités de groupe fut dorénavant plus discrète.

ANALYSE

1 Marlène avait l'habitude d'être attirée par les garçons qui se fourraient toujours dans le pétrin.

2 Ce qu'elle faisait là, c'était pour les filles. Elle n'est pas entrée dans la pièce comme cela.

3 Définition de limites.

4 Se trouver en communication avec les sentiments.

5 L'insistance de Marlène à utiliser l'argent du groupe pour elle-même, était conforme à son comportement provoquant. Il semble que ce soit la première fois que Marlène montre ce qui la concerne. Le travailleur social ne le perçut pas et laissa aussi passer la possibilité d'aider Marlène à préciser ce qui la préoccupe à ce moment-là.

6 Marlène pour la deuxième fois montre ce qui la préoccupe par des signes non verbaux. Elle revient à la charge avec une troisiè-

me « offre » qui précise encore plus clairement ce qui la préoccupe à ce moment-là. Le travailleur social n'essaya pas d'aller plus loin, peut-être du fait de ses propres sentiments dans ce domaine tabou.

7 Les messages de Marlène commencent à avoir une direction plus nette. Elle dit au travailleur social, qu'« elle ne servait à rien ». Il se peut que l'aide qu'elle désirait ait été une clarification de ce qui la préoccupait. Atteindre ce qui concerne les clients.

8 Confronter avec la réalité contradictoire.

9 Le travailleur social aurait pu risquer de faire une remarque sur la façon habituelle dont Marlène demandait de l'aide. Elle aurait pu mettre en cause le tabou qui s'opposait à ce qu'elle révèle certaines préoccupations en soulignant que Marlène et les autres filles étaient toutes soucieuses de leurs relations avec les garçons. Elle aurait pu de la sorte élucider le rapport entre Marlène et le groupe. Cela aurait aidé le travailleur social si il avait pu considérer Marlène comme une alliée et non comme l'ennemie.

10 Définir des limites : en établissant le contrat, le travailleur social avait expliqué que ce serait sa responsabilité de maintenir rigoureusement certains des règlements de l'institution. Il ajouta qu'il pourrait les expliquer aux filles à l'avance, quand ce serait possible.

11 Interprétation d'un indice de communications non verbales.

12 Amplifier un signal faible.

13 Le travailleur social aurait pu prendre le risque d'exprimer ses propre idées sur ce qu'il pensait que Marlène ressentait réellement.

14 Amplifier un signal non verbal.

15 Faire du problème un problème de groupe : rechercher l'aide empathique.

16 Il se centre sur l'écoute focalisée et renforce le signal d'Hélène. A ce moment-là, le travailleur social aurait pu atteindre les sentiments de Marlène. Il aurait pu aider Marlène à voir le lien entre ses « mauvais » sentiments et toutes les difficultés qu'elle ressentait.

17 Atteindre les sentiments.

18 Amplifier un signal.

19 Offrir des choix et définir le contrat.

20 Atteindre ce qui concerne le client.

21 Recherche de faits. Le travailleur social propose une interprétation.

22 Reconnaître ses propres sentiments.

23 Se retrouver en communication avec les sentiments du client.

travail
avec le système organisme

● **COMPTE RENDU N° 4**

MEDIATION D'UN POINT DE CONFLIT
ENTRE UN GROUPE ET LE PERSONNEL DE L'INSTITUTION

Les résidents dont il est question dans les comptes rendus qui suivent étaient plus forts et plus intelligents que les autres garçons, ce qui leur donnait l'avantage quand il y avait des conflits interpersonnels. A l'intérieur du système social formé par les résidents, ils jouaient le rôle d'oppresseurs. Dans le système adulte-adolescent, l'autorité relevait là du personnel. Même quand les membres du personnel commettaient des erreurs, ils étaient souvent soutenus, malgré tout, pour que leur autorité ne soit pas « ébranlée ». Lorsqu'ils étaient confrontés à ce système, la stratégie de ce groupe consistait à contrecarrer cette autorité. Le personnel s'efforçait d'exercer un contrôle sur les droits des pensionnaires et employait entre autres, à cet effet, un système de cartes. Ces jeunes gens, dès la première semaine du mois, perdaient leurs cartes, rendant impossible tout contrôle. La privation de toutes les activités ou la privation totale d'activités (et dans ce cas, ils étaient consignés dans une pièce spéciale), fit partie en quelque sorte de leur vie. Quotidiennement ils réagissaient à leur impuissance en frustrant ceux qui étaient en position de puissance, par la castration qu'ils leur infligeaient en traitant le système de contrôle par l'indifférence. Cette lutte pour le pouvoir obscurcit tous les rapports significatifs entre ces jeunes gens et les membres du personnel, et les étouffait totalement.

Au fur et à mesure que les garçons ont commencé à mettre sur pied des activités de groupe qui avaient pour eux une réelle importance, ces privations portaient encore davantage. Ils se seraient moqués de ne pas jouer aux cartes, mais pour une soirée à laquelle ils avaient invité des filles, c'était différent. Comme ils ne voulaient plus renoncer à leurs activités, ils durent rechercher d'autres façons de traiter leurs conflits. Ils proposèrent de parler au responsable de l'animation. C'est à ce moment que le travailleur social modifia l'orientation de son travail pour pouvoir être le médiateur entre son groupe et le système personnel.

En étant médiateur plutôt qu'avocat (rôle auquel le personnel s'attendait de la part des travailleurs sociaux), il était à même de pouvoir proposer de l'aide au personnel aussi bien qu'aux garçons. En faisant remarquer que les actions des membres du groupe étaient une forme de communication, il aidait ainsi le personnel et les pensionnaires à mesurer les avantages d'une discussion directe. Ce ne fut qu'après avoir écouté la version des membres du personnel et avoir saisi leur point de vue, pleinement, qu'il lui devint possible de les aider.

En travaillant ensemble à ce problème commun, le personnel et les pensionnaires montrèrent de nouveaux savoir-faire au plan de la communication. C'est après une série de réunions avec le chef de service de la section animation que les membres du groupe firent la demande d'une rencontre avec le directeur. A l'issue de cette réunion, le directeur informa le groupe qu'il allait créer un comité des pensionnaires formé de représentants de chacun des dortoirs. C'est ce qui fut fait, sur la base de réunions mensuelles de ce groupe avec le directeur, le but étant d'établir une ligne de communication directe pour régler des questions qui concernent tout le monde.

3 décembre

Nous nous réunissons, Thomas, Eric, Louis, Vincent et moi pour parler de ce qu'ils vont faire à propos de l'annulation de leurs activités sociales. Je leur demande s'ils se posent des questions sur ce que je pense de tout ça. Ils répondent avec anxiété que oui. (1) Je leur dis que mes sentiments n'ont pas d'importance. Je leur explique qu'ils peuvent avoir certains problèmes et que je suis là pour les aider, et que cette affaire paraît bien en être un. (2) Je leur demande s'ils veulent parler de ce qui est arrivé. Voici ce qu'ils en disent : ils se sont tous réunis pour discuter des films qu'ils voulaient projeter et ont décidé ensuite de s'amuser. Ils se sont cachés dans un placard de l'une des pièces et Thomas est allé chercher un autre garçon, Dominique. Ils ont bondi à travers la pièce en donnant des coups de poings à Dominique et en en échangeant. La lumière était éteinte quand Thomas a fermé la porte derrière Dominique. Les garçons sont sortis du placard. D'après Thomas, on n'a pas fait mal à Dominique, il a seulement eu peur. Mais il avoue qu'ils étaient probablement dans leur tort en éteignant la lumière. Ils ont alors été appelés chez M. Geller qui les a menacés de leur supprimer les vacances de Noël. Il dit que les garçons avaient imaginé et prémédité cet incident et qu'il va mettre fin à ce genre de chose. Les garçons ont nié la préméditation et ont soutenu qu'ils n'ont voulu que s'amuser. Vincent dit qu'ils veulent parler à M. Weber, parce que lui est juste. C'est ce qu'ils veulent faire d'un commun accord. Je leur demande s'ils veulent que je leur aménage une entrevue. (3) Ils acquiescent et je leur demande s'ils souhaitent que j'y sois, ils disent oui. Je leur demande ce qu'ils projettent de dire. Thomas dit qu'ils seront à même de donner leur version. Je leur dis que j'essaierai d'avoir le rendez-vous pour le jour-même. (4) J'ajoute que je serai à la réunion pour les aider à faire entendre leur point de vue et aussi pour aider M. Weber à faire entendre son point de vue à lui.

Une réunion avec Monsieur Weber.

J'ai un entretien avec Monsieur Weber et lui dis que j'ai parlé aux garçons et qu'ils aimeraient le rencontrer pour discuter le problème. Ils ont le sentiment qu'on n'a pas été juste avec eux et que lui, il est « juste ». Il me demande si je pense qu'une réunion arrangerait les choses. (5) Je réponds qu'on peut comprendre certaines manifestations provocantes comme une façon de communiquer avec le personnel. Je note que les garçons et l'institution ont tout intérêt à utiliser des moyens de communication plus conventionnels. Je dis que je ne prends pas position pour ou contre, mais que je serai là pour aider les garçons à s'exprimer et à se faire comprendre, aussi bien qu'à essayer de les aider à comprendre ce que lui a à dire. Il se dit d'accord, et propose de se réunir sur-le-champ.

17 Janvier

La réunion commence à 6 h 15 dans la salle de jeu. Thomas et Louis sont en train de jouer au billard. Je commence par dire que la réunion avec M. Weber est décidée. Les garçons font alors des réflexions comme : « Bon, cela n'y changera rien, mais au moins il est prêt à nous écouter ». J'ajoute que M. Weber a dit que la réunion peut avoir lieu dans la salle de jeu. Tout excités, les garçons s'exclament, surpris : « Weber vient ici ? ». Je dis : « Oui, il a le sentiment que vous, les gars, vous y serez plus à l'aise ». Ils sont très contents. Louis dit qu'ils veulent rencontrer (6) (7) Monsieur Harrison. Les autres garçons acquiescent. Je demande de quoi ils veulent lui parler ? Ils disent : « Nous voulons lui dire ce que nous n'aimons pas ici ». Je dis que j'essaierai d'organiser cette rencontre.

20 Janvier

(8). ... Je commence en disant qu'il semble que la première chose que nous ayions à faire est de parler de la raison de cette réunion. M. Weber dit que pour lui, il considère que c'est un lieu où les garçons pourront discuter de leurs problèmes. Thomas dit que c'est ce qu'ils veulent faire. M. Weber dit qu'il ne faut pas qu'ils oublient qu'il y a des règles dans l'institution et qu'il les aidera autant qu'il le pourra dans le cadre de ces règles. Il dit que dans la société il y a des lois, qu'il est d'accord avec certaines et pas avec d'autres, mais de même qu'il doit vivre avec ces lois, de la même façon, eux, doivent vivre avec les règles de l'institution. Il y a un silence, Thomas me regarde et demande s'il doit commencer à parler. Je dis que cela dépend de lui et des autres garçons. Thomas commence par dire que le travail qu'ils font comme, par exemple au service de la cantine, est trop dur. M. Weber dit que M. Chan en a justement parlé la veille à la réunion en disant que les garçons sont obligés d'aller tout droit de leur travail à l'école, et que c'est dur. La réunion se poursuit, les membres du groupe et M. Weber expriment ce qui les préoccupe.

27 Janvier

Thomas et Louis entament une discussion centrée sur la participation à la réunion prévue avec M. Weber. Ils accusent les autres garçons de ne pas parler aux réunions. Ils commencent à réagir et petit à petit, il s'établit une communication entre Louis, Thomas, Vincent et Eric. Thomas dit qu'il comprend pourquoi Frédéric n'a rien dit, c'est parce qu'il a des difficultés à parler. Thomas dit que tout le monde doit parler. Si, quand Frédéric parle, il ne trouve plus ses mots, Louis, Eric ou lui-même viendront à son secours. (9) Après cet échange de propos, Frédéric commence à parler et à se défendre.

Louis dit qu'ils doivent faire une répétition de ce qu'ils diront le lendemain à M. Weber. Il demande à Vincent ce qu'il va dire. Vincent alors parle quelques minutes comme s'il parlait à la réunion (répétition). Thomas et Louis disent que c'est bien. Thomas dit alors que Dominique n'a rien dit du tout. Tous les garçons portent leur attention sur lui. Thomas dit qu'il sera bien obligé de parler s'il va se présenter pour un travail. Les autres acquiescent. Thomas dit que l'employeur éventuel peut lui demander à quoi il passe ses loisirs, et c'est la question que lui pose Thomas. Il dit jouer au football. Les garçons continuent à lui demander pourquoi il ne parle pas. Je demande à Dominique ce qu'il pense de tout cela. Il ne répond pas. Louis dit que ce qui intéresse Dominique dans le groupe, c'est les surboums. Je demande si ce n'est pas pour cela que le groupe existe. Il dit que non. C'est aussi un lieu où discuter de leurs problèmes. Thomas ajoute qu'au début, les garçons ne pensaient pas que je pourrais faire quelque chose. Mais maintenant, ils ont une autre impression (10). Je demande aux autres garçons si c'est cela qu'ils attendent du groupe. Ils disent tous que oui.

7 Février

... M. Watson entre dans la pièce et demande s'il peut me voir une minute. Il me dit qu'il a trouvé dans la chambre de Louis une bouteille de vin presque vide. Il dit que tous les garçons vont en prendre pour leur grade. Puis il me demande de faire une réunion avec les garçons après la soirée pour leur parler. (11) Je lui dis que c'est dur, je ne sais pas quoi faire. M. Watson dit qu'il ne sait pas quoi faire non plus. Il fait une moue exprimant son indécision qui doit bien ressembler à la mienne. (12) Je dis que je ne sais pas quoi leur dire, est-ce que lui veut parler aux garçons ? Il dit que oui, dès qu'ils rentreront de la soirée. Je rassemble le groupe et je leur dis que M. Watson a trouvé une bouteille de vin et veut leur parler. Ils ne nient pas qu'ils ont bu du vin. Ils semblent furieux qu'on n'ait pas caché la bouteille mieux que cela. Nous allons nous installer dans la salle de jeu. M. Watson entre et dit qu'un rapport a été fait par écrit, qui dit seulement qu'on a trouvé une bouteille de vin dans la chambre de Louis. Il essaie de dire aux garçons que lui n'aurait pas voulu écrire cette note mais qu'il y était tenu.

A ce moment-là, Louis est convoqué au bureau de M. Sedin. Il revient quelques minutes plus tard. « Je suis collé », et il quitte la pièce. Je le rappelle, mais il continue son chemin. Je me tourne vers les garçons et leur demande quel est leur sentiment. Thomas dit qu'il ne pense pas que ce soit juste que Louis ramasse seul la punition. Je demande ce qu'il veut faire. Il dit qu'il va chez M. Sedin. Eric, François et Vincent vont avec lui.

Thomas demande si Louis est collé. M. Sedin demande pourquoi il veut le savoir. Thomas dit que lui aussi a violé la règle. M. Sedin interroge tous les garçons dans son bureau. Ils admettent qu'ils y sont

101

aussi pour quelque chose. M. Sedin me dit : « Bon, au moins, ils se sont dénoncés, peut-être que nous sommes dans la bonne voie ». Il raconte aux enfants que lorsqu'il avait leur âge, il s'était énivré aussi, mais que dans une institution, ce n'est pas possible. Il dit qu'il va voir M. Watson avec le rapport et lui demander de ne rien faire parce qu'ils se sont dénoncés.

ANALYSE

1 Définir le contrat. Le travailleur social n'a pas pris le rôle de « juge » en se centrant sur le comportement des garçons. Il s'est efforcé d'avoir une influence et de susciter un changement en eux. Il s'est centré plutôt sur le problème qu'ils affrontaient à ce moment-là. Et ainsi les garçons avaient la faculté de voir en lui un recours pour accomplir la tâche complexe et difficile qui était la leur : mener à bien leur transaction avec le système d'autorité.

2 Aider le client à préciser ce qui le préoccupe.

3 Le travailleur social était en train de reformuler son contrat. Il aide aussi les membres du groupe à définir les étapes suivantes de leur action.

4 Définir le contrat. Le travailleur social est en train de redéfinir sa fonction, afin que les membres voient clairement qu'il les aiderait en s'efforçant d'être le médiateur de l'engagement réciproque.

5 Souligner les points communs. En se considérant comme une « troisième force » dans ce nouveau système d'aide, il a été en mesure de voir essentiellement le problème dans l'optique des membres du groupe, et dans celle de Monsieur Weber. Et ainsi il a pu souligner que là, les intérêts des membres du groupe et ceux du personnel de l'institution convergeaient.

6 Monsieur Harrison est le directeur de l'institution.

7 Aider le client à élaborer ses plans.

8 Définir le contrat. Le travailleur social demanda aux membres de ce nouveau système de clarifier les raisons qu'ils avaient de se réunir. De la sorte, ils ont pu disposer d'une idée commune concernant leurs tâches. Le travailleur social avait ainsi un critère qui lui permettait de juger s'ils travaillaient ou non.

9 Le travailleur social aurait pu avoir une action d'aide à ce moment-là, en recherchant les sentiments des membres silencieux. S'ils pouvaient reconnaître leur peur, ils pourraient chercher les moyens de la prendre en main. Un des membres émit l'idée de

faire une répétition, ce qui est une bonne façon de se préparer à une tâche difficile.

10 Le travailleur social a aidé les membres du groupe à redéfinir leur contrat. Le contrat est un instrument malléable que les membres peuvent réviser et modifier. Dans cet exemple précis, le nouveau contrat entre tout à fait dans le champ de préoccupation de l'organisme.

11 Partager vos propres sentiments.

12 Le travailleur social a senti un conflit. En assumant le rôle de contrôle social demandé par Monsieur Watson, il a pu aider à préserver de la punition les membres de son groupe.

● **COMPTE RENDU N° 5**

LES BUTS DU GROUPE ET LES TACHES DE L'INSTITUTION

Une base commune.

Préparer des pensionnaires à prendre des responsabilités professionnelles à leur sortie est une des principales fonctions de bon nombre d'institutions. On s'attache à faire acquérir les « notions fondamentales » nécessaires à toute personne qui travaille. Et c'est pour permettre cet apprentissage que sont mis au point des programmes de formation dans l'institution et au dehors.

La différence majeure, c'est que le travail dans l'institution n'est pas rétribué et s'il y a rétribution, il ne s'agit habituellement que de quelques francs par jour. Des travaux exécutés à la salle à manger, à la cuisine, à la blanchisserie, etc., sont indispensables au fonctionnement de l'institution, ils ne sont pourtant pas considérés comme devant être rémunérés. Celui qui travaille dans l'institution pense habituellement qu'il est exploité.

Les pensionnaires sont confrontés au problème de devoir apprendre à vivre dans la réalité du monde extérieur (c'est-à-dire travailler pour gagner de l'argent), en acceptant une règle institutionnelle très spéciale (c'est-à-dire travailler pour ne pas être rétribué). Il n'est pas facile de faire la distinction entre les problèmes qui proviennent de l'absence d'habitude fondamentale de travail, et ceux qui résultent de ce manque de motivation.

L'institution a pour politique de faire acquérir des techniques de travail à ses pensionnaires en les considérant comme des apprentis. La plupart des travaux entrent dans le cadre de leur entretien. Et il y a aussi le souci de les stimuler assez pour passer d'un emploi dans l'institution à des emplois à l'extérieur.

Dans le compte rendu qui suit, le travailleur social est médiateur entre son groupe, formé des mêmes résidents que ceux du compte rendu qui précède et le service d'orientation professionnelle de l'institution. Lorsque le groupe a été gêné pour mettre son programme en action, à cause du manque d'argent, aucun des membres du groupe n'était assez âgé pour avoir un travail à plein temps en dehors de l'institution. Le travailleur social suggéra la possibilité de travaux à temps partiel à l'extérieur.

Etant donné que l'institution n'était pas armée pour répondre à cette sorte de demande, il devint nécessaire aux membres du groupe de faire connaître leurs besoins et de mettre au point des moyens d'y satisfaire, qui soient acceptables des deux côtés. Les élèves et le personnel avaient tous deux intérêt à résoudre ce problème. En préparant ces réunions, le travailleur social mit en évidence les points communs existant entre les besoins des membres du groupe et les buts de l'établissement.

23 Février

Après l'émission sportive, on a fermé la télé et on a commencé la réunion (1). Je demande aux garçons s'il y a quelque chose dont ils veulent parler. Il n'y a pas d'écho. Je dis que moi j'ai plusieurs choses. Ils opinent (2). Je leur dis que ce serait bien de faire un autre voyage, mais qu'il y a un problème d'argent. Je leur dis qu'il reste 10 francs par personne dans la cagnotte jusqu'à la fin de l'année. J'ajoute qu'il y a la possibilité que le groupe gagne de l'argent en faisant des petits travaux en ville le samedi. Tout le monde pense que c'est une bonne idée. Je leur dis aussi qu'il serait possible de voir M. Chan, le chef de service d'Orientation Professionnelle et qu'il pouvait proposer d'autres idées. Les garçons disent qu'ils aimeraient le rencontrer.

4 Mars

M. Chan dit qu'il y aura des difficultés à résoudre avant de leur trouver des emplois. Il leur demande leur âge. « Seize ans », répondent-ils. Il leur dit qu'il leur faudra obtenir les autorisations nécessaires, mais cela ne semble pas présenter de problème.

Louis demande si l'argent qu'ils gagneraient irait à d'autres groupes. Il répond non. Louis demande également s'ils pourraient garder l'argent ou bien si l'institution le garderait pour eux. M. Chan dit que ce pourrait être l'un ou l'autre.

Je demande alors si cela leur va. Thomas dit : « C'est très bien tout ça, mais c'est pour quand ? ». Vincent approuve. A ce moment-là, j'explique aux garçons que M. Chan est à court de personnel et que je travaillerai avec eux pour mettre sur pied ce projet. M. Chan verra avec nous les problèmes que nous ne pourrons pas résoudre seuls. J'ajoute qu'il n'y a aucune raison pour que nous ne commencions pas à y travailler sur-le-champ.

Louis demande comment nous allons décider qui, des garçons, chercherait le premier un travail. M. Chan dit que d'habitude, il choisit d'abord les garçons qui réussissent bien à l'école et leur donne leur chance en premier. Mais ici, c'est une situation différente, il n'est pas sûr que ce soit à lui d'en décider. J'explique que notre projet n'est pas uniquement professionnel. C'est le groupe qui l'a entrepris et peut décider qui travaillera d'abord. Les garçons posent d'autres questions, demandant à quelle distance ils peuvent aller, combien de jours ils peuvent travailler, et s'ils peuvent travailler dans un supermarché. J'essaie d'aider M. Chan à faire comprendre son point de vue : il ne connaît pas bien les garçons, et au début, il faudra qu'ils commencent dans un même endroit, un jour par semaine. Il fait remarquer qu'il n'y a pas de raison pour qu'ils ne puissent pas en faire plus, s'ils réussissent bien. M. Chan dit alors qu'il doit partir, mais qu'il peut organiser une autre réunion à quatre heures, le lundi suivant. Les garçons sont d'accord. Après le départ de M. Chan, ils sont tous excités et parlent de ce qu'ils feront de leur argent. Ils sont impatients de tout mettre en route.

ANALYSE

1 Le travailleur social commence en donnant aux membres du groupe l'occasion de soulever les problèmes qui se posaient. Il savait que s'il y avait une question importante, cela pourrait bloquer leur travail tant qu'elle ne serait pas résolue.

2 Procurer des données pour travailler.

CHAPITRE 5

travail avec les personnes

● **COMPTE RENDU N° 6**

LES REGLES DU JEU : COMMENT FAIRE LA COUR

C'est une tâche difficile dévolue à l'adolescence que d'édifier une relation satisfaisante avec l'autre sexe. Les cinq incidents rapportés ci-dessous illustrent les difficultés en jeu. Les problèmes peuvent provenir d'un manque d'expérience dans une sphère sensible de la vie. Ainsi, les règles concernant les relations hétérosexuelles apprises à un stade antérieur de la vie peuvent être la cause de tension, quand elles resurgissent et affectent le comportement sexuel. La question importante : « Qui l'emporte ? », intervient souvent lorsque les jeunes font l'apprentissage d'un « savoir-faire » pour se rapprocher les uns des autres.

Dans les incidents que nous allons décrire, le travailleur social prend une nouvelle position pour servir de médiateur entre les participants au point conflictuel. Dans quatre des incidents rapportés ci-dessous les brèves interventions du travailleur social répondent à des appels à l'aide non formulés. Le travailleur social se montre prêt à servir de ressource pour les clients.

Au cours du premier incident, le travailleur social prend part à la peine d'une jeune fille confrontée à une séparation forcée d'avec son petit ami. L'impact du travailleur social, qui reconnaît ce sentiment au lieu de le nier ou de ne pas lui donner tout son poids, est noté par la jeune fille. Le second incident décrit deux jeunes pensionnaires rejetant une proposition d'aide. Le travailleur social respecte cette position, tout en gardant son offre pour plus tard. Dans le troisième incident, deux pensionnaires utilisent le travailleur social pendant un entretien sur rendez-vous, pour travailler à leurs problèmes. La communication du travailleur social est claire : il est convaincu que c'est en eux que réside la possibilité de traiter leurs problèmes. Le quatrième extrait appelle peu de commentaires ; c'est un bon exemple de l'importance qu'il y a à avoir l'occasion de mettre en pratique un nouveau savoir-faire de la vie sociale. Le cinquième incident est semblable au second, excepté que les parties en conflit acceptent la proposition d'aide du travailleur social. Lorsque la fille demande au travailleur social ce qu'il peut faire, il doit être prêt à répondre clairement, en termes concrets, pour que le client ait réellement le choix d'accepter ou de refuser son aide.

Le premier incident

Les garçons sont arrivés mais Mona est seule et commence à pleurer. Je lui demande ce qui ne va pas. Comme elle ne répond pas (1), je demande si c'est à cause de son ami qui vient de partir de l'institution. Elle dit que non, mais qu'elle veut simplement qu'on la laisse tranquille. Plus tard, elle vient vers moi et me dit : « On ne peut pas savoir à quel point on aime quelqu'un tant qu'il n'est pas parti ». (2) J'acquiesce, la séparation sera dure, et sans doute, elle aura de la peine pendant quelque temps. Et puis (3) nous envisageons la possibilité de lui écrire. Elle dit qu'elle va le faire, et qu'ils projettent de se marier dans deux ans. Mona passe la deuxième partie de la soirée à verser des rafraîchissements et à les servir. Sur le chemin du retour, elle me dit que le gardien de nuit lui a dit de ne pas être si triste. Elle lui a demandé comment il se serait senti si sa femme l'avait quittée. Elle dit qu'il n'a rien répondu.

Le deuxième incident

Je remarque que Henriette et Jacques sont assis chacun de leur côté et paraissent renfrognés, le visage tourné vers le mur. Jacques aborde Henriette, dit quelque chose, hausse les épaules, et va à l'autre bout de la pièce. Je demande à Jacques comment il va. Il me montre une assiette pleine et me dit que la nourriture est bonne. (4) Je dis que j'ai remarqué que quelque chose ne va pas entre lui et Henriette. Jacques hausse les épaules, réponse qu'il utilise fréquemment quand quelque chose l'ennuie. Il dit qu'Henriette est en colère à propos de quelque chose et ne veut pas lui en parler. Je lui demande s'il sait après qui elle en a. Il dit qu'il ne sait pas et qu'il commence à en avoir assez. Je demande s'il y a quelque chose que je peux faire pour l'aider. Jacques secoue la tête et dit qu'il essaiera d'en sortir. Je lui dis que, s'il pense que je peux l'aider à un moment donné, il me le fasse savoir. Dix minutes plus tard, je remarque qu'Henriette est toujours assise dans son coin. En réponse à ma question sur ce qu'elle fait là depuis une demi-heure, elle dit qu'elle est tout simplement en colère, et ne veut pas en parler. Elle me dit aussi qu'elle ne pense pas que je puisse l'aider. Je lui dis qu'elle peut avoir recours à moi si elle ou Jacques pensent que je peux aider.

Le troisième incident

Jeanne entre dans mon bureau et s'assied. Elle demande si elle et son ami Robert peuvent me parler. Je demande quel est le problème. Elle m'explique qu'elle et Robert se fréquentent depuis qu'elle est arrivée à l'institution. Maintenant ils se disputent et rompent à peu près chaque semaine. Elle ajoute qu'ils en ont assez et qu'ils aimeraient y voir clair. Elle se demande s'ils peuvent venir m'en parler. Je demande si Robert veut venir. Jeanne dit qu'elle lui a parlé avant d'aller à l'école et qu'il est d'accord. Elle dit alors : « Quelqu'un doit lui dire ce qu'il doit faire ». (5) J'explique à Jeanne que je pense que je ne suis pas en mesure d'apporter de l'aide en disant à quelqu'un ce qu'il doit faire. J'ajoute que je pense que je peux les aider à se parler et à commencer à travailler sur ce problème. Jeanne dit qu'elle aimerait parler à Robert. J'organise un rendez-vous.

Au moment où Jeanne s'assoit dans le bureau, Robert entre et dit qu'il est content que je puisse parler avec eux. Comme nous prenons place, Robert dit qu'il espère que je peux lui dire ce qu'il faut faire. Je répète ce que j'ai dit à Jeanne un peu plus tôt, que je les aiderai à se parler l'un à l'autre. Jeanne commence en répétant ce qu'elle m'avait dit à propos de leurs querelles et de leurs sentiments. Robert ne répond pas. Au bout de quinze secondes environ (6), je demande à Robert comment il se sent quand ils se querellent. Robert commence à me parler de rumeurs qui lui sont arrivées aux oreilles, sur des rendez-vous que Jeanne aurait avec d'autres garçons. Il dit qu'il ne les a pas crues. (7) Je dis à Robert qu'il doit dire cela à Jeanne et pas à moi. Il sourit et poursuit, adressant cette fois ses commentaires à Jeanne, en répétant qu'il ne croit pas les autres garçons, et qu'il veut sortir avec elle. A plusieurs reprises, j'ai dû leur rappeler que le problème était le leur, suggérant de s'adresser l'un à l'autre.

Ils parlent de leur façon de se disputer et du fait qu'habituellement ils reprennent leurs relations un ou deux jours après. Ils étudient leurs rapports avec d'autres garçons et filles, laissant entendre que ni l'un ni l'autre n'ont jamais réellement eu ces problèmes quand ils les fréquentaient. Je dis que je me demande pourquoi. Jeanne dit qu'avant, elle n'a jamais été réellement amoureuse. Robert sourit timidement et dit que peut-être c'est bien cela, bien qu'il ne sache pas pourquoi ils se disputent si souvent. Jeanne dit à Robert qu'il lui semble qu'ils se disputent davantage quand il revient d'un week-end de vacances. Robert acquiesce. (8) Je demande comment ils pensent que ce week-end de vacances peut influencer leurs relations. Tous deux haussent les épaules. Après quelques moments de silence (9), je demande à Robert s'il croit que quelque chose qui se passe chez lui peut avoir un lien avec leurs querelles. Robert alors décrit un certain nombre de choses qui apparaissent être des problèmes assez perturbants chez lui. Sa mère, très malade, a été à l'hôpital à plusieurs reprises le mois dernier, son père a des ennuis avec ses frères. Il dit que quelquefois il revient à l'institution plutôt contrarié. Il regarde Jeanne. Jeanne demande si cela est une des raisons pour lesquelles il se met en colère si facilement. Robert acquiesce. (10) Je demande si le fait de le savoir, les aide si peu que ce soit. Jeanne dit qu'elle ne le sait pas, mais dit qu'elle comprend ce que Robert éprouve. Elle demande ce que j'en pense. Je leur demande quel est leur sentiment sur la répercussion que cela peut avoir sur leurs querelles. Robert dit qu'il va essayer de ne pas se mettre en colère. Jeanne ajoute qu'elle pense qu'elle aura à y « aller mollo » avec Robert, à cause de l'état dans lequel il est. Robert me demande si je pense que cela va marcher. Je hausse les épaules et attends la suite. Jeanne dit peut-être. Robert dit qu'il pense qu'ils peuvent essayer. Au moment où ils partent. Jeanne dit qu'elle espère que cette discussion va les aider. Robert acquiesce, à nouveau. Je dis que s'ils pensent que je peux les aider davantage, il faut qu'ils prennent un rendez-vous.

Le quatrième incident

... A peu près un quart d'heure avant que la surboum ne se termine, Henri, qui a vingt-et-un ans, vient vers moi, un sourire jusqu'aux oreilles. Il me demande si je me rappelle qu'il m'a dit qu'il n'a pas de petite amie. Je dis que je m'en souviens. Il répond, toujours souriant : « Eh bien ! ça y est, j'en ai une ». Je lui dis que je pense que c'est formidable. Quelques instants plus tard, il amène la fille qui est venue seule et me la présente.

Sur le chemin du retour, Henri reste à l'arrière. Il demande s'il lui est permis d'embraser la fille pour lui dire au revoir. Je dis qu'il a la permission s'il le désire. Il dit « bon », et part. Comme nous retournons au pavillon, il s'approche de moi en hésitant, avec une mine très sérieuse. Il dit qu'il n'a pas embrassé la fille pour lui dire au revoir parce qu'il est embarrassé. Je lui dis que j'ai été embarrassé à mon premier rendez-vous. Il ajoute que c'est sa première petite amie et qu'il essaierait la prochaine fois. Je dis que je suis heureux qu'il ait eu du bon temps. Il dit qu'il s'est bien amusé. Juste avant d'entrer, il dit qu'il espère que le groupe aura une autre boom bientôt... C'est ce qui s'est passé, Henri essaya et réussit.

Le cinquième incident

... J'entends Geneviève dire à Bob : « Disparais ». Je leur demande si je peux faire quelque chose. Geneviève me demande ce que je peux faire. (11) Je leur dis que je peux peut-être les aider à se parler et à trouver ce qui ne va pas. Bob dit que ça ne servirait à rien, et Geneviève est d'accord avec lui. Je leur dis que je serai heureux d'aider s'ils changent d'avis... Bob quitte la pièce en colère, et Geneviève dit : « J'espère que ce n'est pas à cause de moi qu'il perd sa soirée. Je ne veux pas le perdre comme ami, je le connais depuis si longtemps ». (12) Je demande si elle veut le lui dire à lui. Elle dit que oui et demande si je l'aiderais. Quand nous trouvons Bob dans le vestibule, je lui dis que Geneviève dit qu'elle souhaite lui parler. Bob grogne et dit à Geneviève de commencer. Geneviève dit : « Je regrette de t'avoir dit « disparais », Bob, et je ne veux pas que tu m'en veuilles. Je me suis mise très en colère quand tu m'as dit que j'étais moche et que personne ne voudrait m'épouser ». Bob lui dit que réellement il n'avait pas eu l'intention de la mettre en colère. Ce n'était qu'une plaisanterie. Geneviève dit qu'elle pense qu'il croit ce qu'il dit. (13) Je dis à Geneviève que je pense que c'est dur d'entendre cela. Elle baisse les yeux et dit oui. Bob s'excuse auprès de Geneviève et la ramène dans la salle.

ANALYSE

1 Interpréter les indices du langage non verbal : le travailleur social s'efforce d'aider le client à exprimer ce qui le préoccupe et le fait en proposant ce qu'il estime être la raison pour laquelle le client se sentait mal.

2 Se retrouver en communication avec les sentiments du client.

3 Une fois que le client a identifié ce qui le préoccupe, le travailleur social a commencé à l'aider, à regarder ce qu'il pourrait faire pour y remédier.

4 Atteindre les sentiments du client.

5 Définir le contrat (rôle du travailleur social) : Le travailleur social essayait d'élucider l'aide qu'il pouvait offrir. Il fait savoir au client qu'il devait travailler dur pour avoir ce qu'il voulait.

6 Atteindre les sentiments.

7 Réorientation de la transaction vers la personne à laquelle elle s'adresse en réalité. Les règles du jeu du procès étaient mises faiblement en évidence. Le travailleur social a fait entendre clairement qu'il refusait d'être le « juge ».

8 Les clients avaient fait apparaître un schéma de leur relation. Le travailleur social essayait de les aider à étudier le lien entre ce schéma et leur problème.

9 Aider le client à voir le problème sous un angle nouveau. Le travailleur social a lancé son idée afin d'aider le client à faire un lien dont il n'était pas conscient.

10 Le travailleur social a dirigé leur attention sur le fait que cette information leur permettait de comprendre le problème sur lequel ils travaillaient. De la sorte, ils traduisirent leurs efforts en termes de « nouvelles étapes à franchir ».

11 Définir le contrat. Un client peut souvent laisser passer une première offre d'aide, revenir plus tard et l'accepter.

12 Réorienter la transaction vers celui auquel elle s'adresse réellement.

13 Atteindre les sentiments du client. Dans les relations interpersonnelles, il est de règle de ne pas laisser voir à quelqu'un d'autre que vous avez été vexé. Quand le travailleur social a recherché les sentiments de Geneviève, il l'aidait à dire à Bob ce qu'elle ressentait réellement.

● **COMPTE RENDU N° 7**

MEDIATION ENTRE UN CLIENT ET SA VISION DE LA REALITE

Le compte rendu qui suit décrit le travail d'un jeune homme de vingt-trois ans en institution depuis dix ans. Le problème du moment est sa crainte d'être envoyé dans une autre institution. S'il est transféré, cela signifie qu'il n'a pas réussi à sortir de l'institution pour s'insérer dans la communauté. Il sait qu'il a dépassé l'âge limite pour rester dans cette institution, et qu'il est à un tournant critique de sa vie. Sa difficulté à trouver un emploi et à s'y tenir est en partie liée à une maladie de peau. Les travaux qu'il est capable de faire se limitent à la plonge ou au lavage de voitures, ce qui le met en contact avec des produits détergents irritants. Les membres du personnel en sont arrivés à penser qu'il ne réussirait pas à l'extérieur pour cette raison et pour d'autres encore.

Comme ses espoirs de sortie s'amenuisaient et que ses possibilités d'action se rétrécissaient, il eut recours à son imagination pour résoudre sa crise personnelle. S'il ne peut quitter l'institution en s'en tenant aux règles de la réalité, il faudra qu'il change ces règles. Il se créerait une identité nouvelle, celle d'un héros. La différence entre son monde secret et le nôtre était telle que, tout ce qui lui restait à faire, c'était de vivre dans un monde imaginaire.

Après avoir rencontré le travailleur social à quatre reprises, il essaya de nouveau de négocier les réalités institutionnelles. Cette fois, ce fut avec succès. Il lui fut possible de trouver un travail de plongeur où l'on utilisait un détergent spécial, non irritant. Peu de temps après, il s'installa hors de tout cadre institutionnel quand il accepta un travail à temps complet.

Pour le travailleur social, le contrat était clair. Le pensionnaire souhaitait parvenir à sortir de l'institution. Au fur et à mesure de ses efforts, le travailleur social eut la vision de ce que le client lui disait comme celle d'un dialogue entre ses besoins et sa perception de la réalité sociale. Il essaya de médiatiser ce dialogue.

13 décembre

... Je demande s'il fait des projets pour les vacances de Noël. Bernard dit qu'il va chez lui et achètera des cadeaux avec son argent. Je dis que je pense qu'il est heureux de pouvoir acheter des cadeaux avec de l'argent qu'il a gagné lui-même. Bernard dit que le fait qu'il a de l'argent à lui, prouve qu'il peut gagner sa vie. Il dit qu'il se sent un peu mieux bien qu'il ne travaille qu'un jour par semaine, et est heureux d'avoir l'occasion de m'en parler. (1) Je lui demande si c'est une des raisons pour lesquelles nous avons l'habitude de nous rencontrer chaque semaine. Il répond qu'il aime venir me parler et « peut-être puis-je résoudre certaines choses quand je viens ici ». (2) Je pose à Bernard des questions sur ces « choses » sur lesquelles il pense pouvoir travailler. Bernard dit que ses difficultés à trouver du travail, ainsi que celles rencontrées au pavillon, sont les choses dont il aimerait parler. Il ne voit pas très clairement la façon dont je peux l'aider.

Bernard dit qu'il a envie de voir Monsieur Charlet pour discuter de la possibilité de prendre un travail à plein temps près de chez ses parents. Il décrit la difficulté qu'il éprouve à prendre un rendez-vous et exprime ses doutes quant à la compétence de Monsieur Charlet à l'aider. Il répète qu'il pense qu'il est important qu'un rendez-vous soit pris, pour qu'il puisse obtenir les renseignements dont il a besoin. Au bout de dix minutes, je demande à Bernard si ce qu'il est en train de me demander c'est si je veux bien le faire pour lui. Bernard me dit qu'il aimerait que je parle à Monsieur Charlet, si je veux bien. Je dis à Bernard que oui.

20 Décembre

Après la réunion, Bernard me montre un déguisement de héros du feuilleton de la télévision qu'il est en train de faire pour le cortège du Mardi-Gras. Il parle des exploits du héros à la télévision et ajoute qu'il aime la façon dont il est habillé dans ce costume...

23 Décembre

Bernard s'assied et sort le masque du héros de la télévision. Il me montre à quoi il ressemble quand il le porte. Il fait un monologue de quinze minutes, expliquant comment il pourrait parcourir les rues et capturer les voleurs de banques et les assassins. Il parle de la façon dont il les livrerait à la police et serait l'objet des louanges des citoyens de la ville. Il répète plusieurs fois les récits en variant légèrement dans cette même veine. Quand il parlait, je l'écoutais un peu déconcerté par ce qu'il semblait suggérer tout à fait sérieusement, mais en même temps j'essayais de comprendre son message.

(3) (4). Je lui demande si ce qu'il dit est pour lui une façon d'obtenir un emploi et de sortir de l'institution. Il dit qu'il pense que oui. (5) Je lui fais remarquer que cela ne ressemble pas à une vraie possibilité, que tout cela n'arriverait probablement pas. Je lui dis aussi que parfois il est important de rêver de choses comme celles-là et que moi aussi j'avais mes rêves. Il dit qu'il y a bien des gars qu'il connaît, qui ont de grands projets comme ceux-là.

Bernard revient à la possibilité d'avoir un travail grâce à ses exploits de héros de la télévision. Je demande si c'est pour lui l'unique solution. Il dit qu'il y a une nouvelle conseillère au Service d'Orientation professionnelle. (6) Il pense qu'il peut essayer de lui parler. (Dans l'intervalle entre cet entretien et celui qui est rapporté ci-dessous, Bernard a parlé à la conseillère en orientation. Il a pu obtenir un travail une journée par semaine).

14 Janvier

Bernard dit qu'il aime vraiment son travail et espère pouvoir commencer à travailler régulièrement. Il dit que Didier qui travaille cinq jours par semaine comme garçon de restaurant, partira probablement en congé prolongé dans une semaine ou deux. Je lui demande ce que cela signifie pour lui. Il dit que cela lui donnera probablement une possibilité de travailler à plein temps et « ... de leur montrer ce que je suis capable de faire... ».

... Il décrit le travail d'un laveur de vaisselle dans un grand restaurant près de chez lui. Bernard dit qu'il va voir s'il est possible d'avoir ce travail quand il ira chez lui dans quinze jours pour le mariage de son frère. Il dit qu'il ne sait pas comment prévenir l'école s'il a un travail. Il explique que s'il a l'emploi, il faudra qu'il revienne à l'école pendant qu'on contrôle s'il y a bien un emploi pour lui. « Si on a besoin d'un employé pour un travail, comment me prendra-t-on si on a besoin de quelqu'un tout de suite ». Il dit qu'il pense que cela ne lui est pas possible de trouver un emploi de cette façon. Je dis qu'il semble que c'est une situation compliquée, ajoutant que je ne m'y connais guère sur cette façon de faire. Je demande à Bernard comment il pense que ce soit possible de clarifier le problème. Bernard dit qu'il ne sait pas quoi faire. Je demande s'il sait qui pourrait répondre à la question. Bernard hausse les épaules, à nouveau, ajoutant qu'il aimerait que je trouve à qui demander. Je dis que j'essaierai de voir à qui il faudra s'adresser et que je le lui ferai savoir.

Au moment où Bernard part, il dit qu'il est heureux de pouvoir me parler de ces problèmes. Il dit qu'il pense à un tas de « choses » à propos de ces problèmes et que cela ne lui vient pas quand il est seul. Il me demande quand on se revoit la semaine suivante.

ANALYSE

1 Définir le contrat.

2 Recherche de ce qui préoccupe le client.

3 Interpréter les indices fournis par le langage verbal. Les efforts du travailleur social à ce moment étaient non pas de faire le « diagnostic » du client en se fondant sur son comportement bizarre, mais de l'écouter.

4 Le travailleur social a mis à l'épreuve son idée en recherchant ce qui préoccupait le client.

5 Confronté à une réalité contradictoire, le travailleur social doit donner à Bernard des informations quand cette information est utile pour ce qu'il a à faire. Bernard est libre de l'accepter ou de la refuser.

6 Si Bernard continuait à s'occuper de ses fantasmes de héros de la télévision, au lieu de travailler à obtenir un emploi vrai, le travailleur social aurait à montrer à Bernard que ce fantasme faisait obstacle à la résolution de ses problèmes.

changements dans l'institution

Dans la partie théorique du présent travail, l'hypothèse énoncée est celle d'une relation symbiotique entre l'individu et sa société. Il est de plus postulé que cette vision de l'engagement individu-société s'avère exacte, quel que soit le niveau du système que l'on examine. La fonction que remplit le travailleur social comme médiateur de cet engagement a été montrée à travers les cas présentés de travail avec des individus et des groupes. Voici un exemple des principes de ce modèle de pratique, appliqué à la communauté institutionnelle, une attention spéciale étant portée au sous-système qui représente le personnel.

Bien des auteurs ont montré à quel point il est important de comprendre l'impact qu'ont les systèmes-personnel sur l'organisme institutionnel*. D'après leurs travaux, ils semblent persuadés que l'implication du personnel dans le système total au sein duquel ses membres opè-

---

* Voir : Stanley STERLING, « Listening : The demand and the practice », Communication présentée à la conférence des anciens élèves, Columbia University, 1966. Voir aussi, Léonard N. BROWN, « Social work with retardates in their social systems », Communication révisée, Colloque annuel de l'Association américaine de la Déficience mentale, Mai 1966, CHICAGO. Voir : Joseph D. JACOBS, « Social action as therapy in a mental hospital », **Social Work Journal,** vol. 9 (Janvier 1964), pp. 54-61.

rent, est toujours vitale, et que cette implication les affecte aussi. Les membres du personnel ne peuvent se permettre de ne pas tenir compte des dysfonctionnements, car sinon, le retentissement qu'il y aurait sur le fonctionnement du système serait aussi important que celui qu'entraîneraient les efforts les plus énergiques nécessaires pour susciter le changement. Cela nous amène au sujet traité dans ce chapitre. Les membres du personnel sont tenus d'avoir un impact professionnel sur le système institution. Les étudiants qui apprennent par la pratique devraient avoir la possibilité d'exercer aussi cette partie du rôle professionnel.

● LES DONNEES DE LA SITUATION

L'unité de stage en travail social comportait deux étudiants de première année et deux de deuxième. L'instructeur de stage était un membre de la Faculté, à temps complet à l'école de service social. Chaque étudiant s'était assigné un groupe de pensionnaires dans une section du pavillon. Il devait travailler avec les personnes de son groupe primaire ou de la section du pavillon.

Au cours de leur travail, les étudiants ont remarqué des façons de faire et des règles dans l'institution, qu'ils jugeaient nuisibles au développement du pensionnaire et en conflit avec les buts de l'institution. Ces pratiques étaient habituellement associées à des procédures de contrôle qui, dans toutes les institutions, représentent des domaines complexes et extrêmement difficiles. Au fur et à mesure que les semaines passaient, les étudiants évitaient de discuter de ce qui pourrait être fait en fonction de leurs observations. On en arriva à un moment critique quand les procédures restrictives commencèrent à affecter le travail des étudiants avec leurs groupes. Le problème tournait autour de l'importance des activités mixtes projetées par les membres du groupe. Le personnel de l'animation des pavillons s'opposait à ce programme, car il avait le sentiment que son travail serait difficile. Le personnel du pavillon ne parvenait pas à comprendre les raisons pour lesquelles les étudiants refusaient de se servir des réunions de groupe, comme moyen pour l'institution de manifester l'autorité, c'est-à-dire, en chapitrant les membres sur leur comportement. Le problème vint sur le tapis quand un surveillant du soir refusa d'autoriser qu'une réunion du groupe ait lieu, parce que certains de ses membres étaient collés (punition pour des fautes de conduite). On dit à l'étudiant qu'il pouvait rencontrer les membres de son groupe l'un après l'autre, « ... et leur expliquer qu'il ne fallait pas qu'ils fassent ce qu'ils avaient fait ». C'est grâce à ce défi porté à ce que proposaient de faire les stagiaires, que la question a été soulevée.

Le lendemain, il y eut une réunion de l'unité des étudiants pour discuter d'un programme d'action. D'une part, il était clair que l'instructeur de stage aurait à traiter cet incident précis avec le service d'animation des pavillons. Il y avait d'autre part la question bien plus vaste du conflit au sein du système-personnel de l'institution. A la suggestion de l'instructeur de stage, les étudiants commencèrent à analyser le système institutionnel de la même façon qu'ils avaient analysé les sous-systèmes plus petits, avec lesquels ils travaillaient. La compréhension acquise par leur travail avec des petits groupes les aiderait-elle dans leur propre situation ?

Ils commencèrent par une analyse fonctionnelle-structurale de l'institution. Il s'agissait d'identifier les relations formelles et informelles entre les sous-systèmes et d'essayer de définir ce que chacun allait remplir comme fonction. Cela leur donna un tableau de l'institution qui incluait leur propre unité comme partie intégrante du système. L'étape suivante consista à émettre quelques hypothèses sur la nature du système. Ils reconnurent qu'ils avaient affaire à un cas spécial de l'engagement individu-société. Ils présumèrent ensuite qu'il existait un potentiel de symbiose entre les pensionnaires et le personnel. Si ce potentiel était libéré, cela aiderait les pensionnaires à participer au titre de membres apportant leurs contributions au système et cela permettrait à l'institution d'offrir un environnement plus fécond. Leurs observations et leurs expériences avaient montré que cette possibilité n'avait pas été pleinement explorée*. Ce qui, à son tour, indiquait la présence d'un obstacle (ou d'obstacles).

A partir de là, l'unité continua sur son élan. Suivant l'hypothèse initiale définie ci-dessus, ils parvinrent à des points de repère pour leur action, que voici :

a) L'unité, seule, ne serait pas à même d'effectuer des changements vrais dans le système institutionnel. Le potentiel pour un changement réel et durable est du ressort du système entier, duquel l'unité n'était seulement qu'une partie.

b) L'obstacle (ou les obstacles) qui interféraient avec le travail de l'institution avait besoin d'être identifié(s).

c) Comme partie d'un système, les membres de l'unité avaient le droit et la responsabilité d'essayer d'avoir un impact professionnel, tout en reconnaissant que leur rôle n'était pas le même que celui d'un travailleur social avec un client.

---

* GOFFMAN a noté que les problèmes et tensions décrites ici ne sont pas uniques, et en fait, sont caractéristiques de toutes les institutions totales.

● IDENTIFICATION DES OBSTACLES

Un des obstacles observé par les étudiants était la séparation, dans la structure même, des fonctions de formation, et des fonctions thérapeutiques de l'institution. Le domaine de formation comprenait l'éducation, la formation professionnelle, les loisirs et la vie dans les pavillons. Le domaine de la thérapie comportait des services cliniques comme psychologie, travail social, thérapie, rééducation de la parole et médecine. Il était évident qu'il y avait un hiatus dans la communication entre ces deux domaines.

Robert VINTER décrit le problème des hiérarchies duelles si courant dans les « institutions de traitement » :

> « Que la division ne s'applique qu'aux tâches ou qu'elle s'applique aux personnes et aux tâches, il y a un problème relatif à chacune de ces structures à autorité duelle, c'est que les limites ou les frontières entre les phases de l'activité de l'institution, réglées par chacune des structures, sont obscures et discutables. »[*]

Ces frontières floues et ces communications forment, en s'associant, des zones conflictuelles où il n'y a qu'un petit nombre de possibilités pour résoudre les conflits. Dans une situation comme celle-ci, la frustration du personnel grandissait et un processus de retrait s'instaurait de toute évidence. Bien loin de s'accroître les lignes de communication qui étaient ouvertes, étaient rendues moins significatives, parce que la discussion de ce qui était en jeu dans les conflits était évitée. Le personnel de l'animation des pavillons, à qui incombe la surveillance de l'institution, devint une cible commode pour la critique. Il devint plus difficile de mobiliser le potentiel du personnel, pour réaliser les mises au point qui conserveraient le système dans un « état d'équilibre stable ». La conséquence la plus importante de ces problèmes fut le blocage de la rétroaction (« feedback ») qui est essentielle à l'accommodation du système. Robert CHIN décrit la rétroaction ainsi :

> « Tout en modifiant l'environnement, processus qu'on appelle sortie (« output »), les systèmes recueillent des informations sur eux-mêmes dans l'environnement. Ces informations sont alors renvoyées au système pour guider et orienter ses opérations. On appelle ce processus la rétroaction (« feedback »)[**]. »

---

[*] Robert VINTER, « Analysis of treatment organizations », **Social Work Journal**, Vol. 9 n° 3 (Juillet 1963), p. 11.
[**] Robert CHIN, « The utility of system models and developmental models for practitioners », **Planning of change**, Warrens G. BENNING and Kenneth D. BENNE, éditeurs (NEW YORK : Holt, Rinehart and Winston 1964), p. 204.

Tant que les voies pour changer le système étaient limitées, le personnel avait tendance à se fermer à la rétroaction venant des résidents. A mesure que le système-résident percevait le système-personnel comme étant un système immuable, leur protestation, qui était une forme de rétroaction, devint plus agressive. Ce comportement fit que davantage de règles furent imposées, un cercle vicieux commençait à s'instaurer. La relation adulte-adolescent normalement difficile, se compliqua encore plus du fait des limitations dans les schémas de communications. Pour les stagiaires, il devint clair que, afin que le système améliore ses possibilités de s'auto-régulariser, les membres du personnel auraient besoin d'apprendre de nouvelles compétences et de développer de nouvelles structures de communication. Il fut aussi douloureusement évident que ce processus d'apprentissage pourrait commencer par les stagiaires eux-mêmes, car la description qui précède du repli du personnel, s'appliquait également aux stagiaires en service social. Les étudiants commencèrent, avec l'espoir que le fait de changer leurs propres schémas de participation aurait un certain impact sur le système dans son ensemble.

● CHANGEMENT DANS LE SYSTEME

L'unité centra ses efforts selon trois axes. Les deux premiers seront décrits brièvement et le troisième plus complètement exposé.

D'abord, l'instructeur de stage demande la permission de prendre part aux réunions hebdomadaires d'un comité comportant les chefs de service de formation. Cela marqua le premier effort formel fait pour jeter un pont sur le fossé thérapie-formation, et tendit à encourager la discussion de questions conflictuelles qu'autrement on aurait pu laisser couver. Comme membre de ce groupe, l'instructeur de stage mit en cause « l'illusion de travail » en écartant le tabou : « parler pour de bon ». A mesure que l'on ouvrait des voies de communications, les membres du comité devinrent capables d'identifier leur interdépendance et parvinrent à utiliser la réunion pour s'aider les uns les autres, en traitant les problèmes qu'ils avaient entre eux et ceux qui leur étaient individuels.

Un deuxième axe fut l'organisation par les étudiants de réunions hebdomadaires avec les responsables des pavillons. On pensa que ces réunions permettraient de réduire le fossé des communications. Ces réunions ne commencèrent que plus tard et elles ne furent pas suffisamment régulières pour être convenablement évaluées. Il en résulta pourtant que les étudiants furent capables de voir plus clairement les « liens » que ressentaient les responsables du pavillon dans leur routine journalière. Ils purent ainsi avoir une perspective plus équilibrée

119

de l'interaction entre le personnel et les pensionnaires, interaction qu'ils essayèrent souvent de médiatiser. Au fur et à mesure que les étudiants *écoutaient* les responsables des pavillons et essayaient de se mettre à leur place, le personnel des pavillons commençait à changer d'avis à propos des efforts des étudiants. Plus les étudiants comprenaient les réalités du travail des responsables, plus ils étaient perçus par ces responsables comme « ayant les pieds sur terre ».

Le troisième effort, et le seul qui ait eu l'impact le plus dramatique, a été la tentative faite par les étudiants pour renverser la tendance à un « repli des membres du personnel les uns à l'égard des autres ». La première cible était le service social auquel appartenait l'unité. On tint des réunions de service pour discuter le fait que les étudiants avaient le sentiment d'être dans une enclave, coupés du reste du service social. (Les étudiants ont admis qu'ils avaient une part de responsabilité dans cette séparation). Cela donna bientôt l'occasion de faire part des problèmes qu'il y avait entre les étudiants et le personnel du service social. Cette discussion révéla qu'ils avaient de nombreuses préoccupations en commun. A mesure que l'identification de l'unité avec le service social s'accroissait, le sujet de la discussion du groupe unifié porta sur la manière d'effectuer un changement dans l'institution. Le problème le plus pressant qui fut identifié, s'avéra être l'absence de communication entre le service social et le personnel d'animation pour discuter de ce problème. On tomba d'accord sur un ordre du jour non limité et on convint d'une date de réunion.

On annonça la réunion aux autres services. Ce que les membres disaient entre eux avant la réunion peut présenter quelques indications sur les raisons pour lesquelles ces contacts s'étaient raréfiés. Ils disaient de la réunion c'est « étaler son linge sale en famille », c'est « une confrontation ». La tension était générale quand on ouvrit la séance.

A ce moment-là, on découvrit que les superviseurs des services des loisirs et d'orientation professionnelle avaient décidé d'y venir. Le chef du service de l'éducation demanda à se joindre au groupe et vint à la deuxième réunion. Ce qui avait commencé comme une réunion entre deux services, en vint à inclure tous les services de formation.

Il y a eu trois réunions. Ceux qui étaient venus pour voir des étincelles ne furent pas déçus. Il y eut des discussions fort animées. Il y eut des moments où l'on attaqua directement le programme de stage de l'unité, et il fallut le défendre et, dans certains cas, concéder que cela rendait la vie plus difficile au personnel du pavillon. Il fut intéressant de noter que, pendant la discussion la plus difficile entre le personnel d'animation et l'instructeur de stage, d'autres chefs de services qui avaient participé aux réunions de la commission d'enseignement décrites plus haut, utilisèrent certaines des techniques de l'instructeur de stage pour aider à maintenir les communications.

De ces discussions animées émergea une compréhension plus claire des problèmes de tout le personnel. De même que dans les réunions de la commission d'enseignement, au lieu d'incriminer les autres, on s'efforça de comprendre les problèmes communs. Les points controversés furent définis plus clairement et rangés en deux grandes catégories. La première comprenait les questions qui avaient besoin d'une clarification de la politique de l'administration. La deuxième résultait du heurt entre le désir d'autonomie des résidents et le besoin de contrôle de l'institution. En discutant certains des problèmes en détail, il devint clair pour tous que certains compromis étaient nécessaires. Il fallait équilibrer le maintien du contrôle tout en permettant la liberté individuelle. Le personnel a pu se rendre compte qu'il y avait un lien entre une plus grande liberté et une plus grande responsabilité. En parvenant à des compromis sur des problèmes spécifiques, la plupart des participants ont eu le sentiment que ces efforts leur permettaient d'accomplir quelque chose.

A mesure qu'on énumérait les questions en jeu, il apparut qu'un groupe aussi grand que celui-là aurait beaucoup de difficultés à les traiter toutes. L'instructeur de stage proposa une autre méthode : instituer des comités de travail qui se réuniraient séparément pour discuter des séries de questions. La suggestion fut agréée et les questions réparties en quatre séries touchant à chacun des domaines importants de l'institution. Des comités furent institués. Ils comprenaient un membre de chaque service, tels que professeurs, assistants de loisirs et moniteurs en orientation professionnelle, qui représentait son service. Pour coordonner les activités, on forma un comité de direction qui comprenait un chef de service ou un superviseur de chaque section. La première mesure qu'avaient décidée les étudiants pour améliorer les communications entre eux et le reste du service social, avait conduit le personnel de l'institution à prendre l'initiative en établissant un comité interservice *ad hoc*.

Quand les comités de travail commencèrent à se réunir, quelques membres du personnel doutèrent de l'efficacité de leurs efforts pour orienter le changement. Quand le directeur eut vent de ces doutes, il répondit en envoyant une note aux participants des comités de travail, les félicitant de leur initiative. Il souscrivait à leurs efforts et proposait que leurs délibérations soient considérées comme partie intégrante de l'évaluation officielle du programme de l'institution. Comme s'il voulait prouver son intérêt, il demandait que les résultats des discussions lui soient envoyés dans les deux mois. Ce qui avait débuté comme une réunion non conventionnelle avait maintenant reçu une sanction officielle et une promesse de soutien.

● **RESULTATS DES REUNIONS DES COMITES DE TRAVAIL**

Les différents comités eurent une réunion hebdomadaire pendant deux mois. A la demande de l'ensemble de la commission d'enseignement et à la suggestion du directeur des services cliniques, chacun des quatre étudiants en travail social fut attaché à un comité de travail. Les rapports qu'ont fait les étudiants des processus de ces réunions sont aussi significatifs que les recommandations formelles qui seront décrites brièvement plus loin.

Leurs premières observations concernaient le moral du personnel. Le personnel de base et leurs superviseurs directs avaient pris part à l'évaluation du système institutionnel total. Il leur fut possible de dépasser les limites de leurs sujets d'intérêt habituels et d'aller en quête de solutions, plutôt que de se contenter de se plaindre des autres. Pour beaucoup, ils avaient l'impression qu'on leur ôtait un poids au fur et à mesure que la résignation faisait place à l'enthousiasme avec lequel ils se mettaient au travail.

Les premières réunions révélèrent que le personnel connaissait de façon très limitée la structure et la fonction des autres services. Un échange d'information permit d'apporter un remède à ce problème. Mais ce qui fut encore plus surprenant pour eux, c'est la façon dont les mythes institutionnels commencèrent à se dissiper devant leurs yeux. Certains moniteurs chefs d'animation de pavillons qui avaient été perçus par les autres membres du personnel comme conservateurs, furent les premiers à suggérer des changements essentiels qui donneraient plus de liberté à chaque pensionnaire. On découvrit que les règles et réglementations, qui avaient été perçues comme des directives administratives dures et rigoureuses, avaient en fait été conçues par des membres du personnel ou étaient dues à des interprétations erronées. Les uns après les autres, les nombreux obstacles au changement, imaginaires ou réels, furent soit démystifiés, soit réduits à leurs proportions véritables. A mesure que l'incompréhension et l'enchevêtrement de ces obstacles s'estompaient, le personnel se sentit libéré et put travailler aux questions réelles qui entraînaient des réponses difficiles et complexes. En y travaillant, ils bénéficièrent du soutien important qu'ils s'accordaient mutuellement.

Les résultats des délibérations furent exposés dans le rapport de conclusion du comité de direction. Ce rapport contient trente-huit recommandations de changement ; tous les services en jeu approuvaient ces recommandations. Pour beaucoup d'entre elles, il s'y ajoutait une description détaillée sur la façon dont elles pourraient être mises à exécution. L'administration n'en rejeta aucune. Quatre seulement furent retardées pour un complément d'étude. Voici quelques-unes des recommandations qui donnent une idée de l'éventail des sujets abordés et tout ce qu'on attendait des changements :

a) L'organisation d'un conseil représentatif des résidents qui se réunirait chaque mois avec le directeur de l'institution et son adjoint ;

b) La création de programmes récréatifs libres, qui permettaient aux pensionnaires de faire le choix de leurs activités ;

c) L'élaboration d'un programme de formation interne pour les moniteurs chargés du domaine de l'emploi ;

d) La suppression du système des bulletins où les élèves étaient notés sur leur conduite, et duquel dépendait l'accès aux activités de loisir. En général, le personnel pensait que ce système était une procédure de contrôle inefficace ;

e) Permettre aux pensionnaires de disposer d'une certaine gamme de choix en ce qui concerne leurs tâches dans l'institution ;

f) Un changement dans l'organisation des repas permettant qu'ils soient mixtes ;

g) L'extension des activités du service social aux soirées et aux fins de semaine, aux moments où le personnel et les pensionnaires en ressentaient le plus la nécessité ;

h) L'association des services de formation et des services cliniques en un seul comité.

Tous les problèmes ne furent pas résolus par cette nouvelle politique. Il en reste de nombreux à résoudre, de nouveaux émergeront, comme dans tous les systèmes dynamiques. Toutefois, ce qui était important, c'était que les membres du personnel se parlent et aient l'expérience du phénomène d'« aide mutuelle ». Ils apprirent qu'il fallait prendre des risques et s'impliquer pour obtenir les choses qu'ils voulaient. Cette leçon importante n'a pas été perdue pour les étudiants.

CONCLUSION

Les travailleurs sociaux connaissent bien les multiples expressions utilisées pour décrire le mode d'existence de l'homme, « aliénation », « anomie » et « dissolution de l'identité » font partie du vocabulaire qui caractérise la crise de l'homme moderne. Pourtant, quelle que soit la terminologie préférée, la conclusion est la même : il lui est difficile de trouver sa place dans son environnement.

De même que l'individu rencontre des difficultés dans son engagement quotidien avec son environnement, de même la société doit faire face à des tâches complexes dans ses rapports avec les personnes qui constituent ses différentes parties. Il faut aux agents de la société, à tous les niveaux (parents, professeurs, responsables, etc.), de l'efficacité dans leur savoir-faire, afin de découvrir des bases communes entre les individus et leur culture et de parvenir à les mobiliser.

C'est dans ce contexte, l'individu et la société cherchant de part et d'autre à se rapprocher, qu'une profession d'aide doit trouver sa place. Toute idée d'un énoncé fonctionnel général qui ne saurait pas reconnaître la nature réciproque de l'engagement individu-société, impose des œillères au travailleur social, aux moments où il est nécessaire que sa vision soit la plus large possible. SCHWARTZ, en suggérant que la profession a une fonction délimitée, celle de la médiation, émet une proposition qui offre au travailleur social la possibilité d'affiner ses compétences. Dans ce cas, le travailleur social dont le rôle ne comporte pas d'obligations quant aux décisions sur la nature des ajustements à réaliser peut ne chercher qu'à servir de ressource pour le processus en cours.

Nombreux sont ceux qui parlent de la nécessité de développement et de changement, nécessité à laquelle le travail social comme les autres professions d'aide doit faire face, pour répondre aux exigences des temps modernes. Le travailleur social est confronté à une variété de modèles, il y en aura bien d'autres encore. Selon l'opinion de l'auteur, à l'heure actuelle, c'est le modèle de médiation qui offre le plus grand éventail de réponses aux nombreuses interrogations que se pose notre profession. Ce mode de pratique s'accorde à notre croyance en la dignité de l'homme, et à la conviction que nous avons de son droit à l'autodétermination. Modèle générique, il permet de définir une pratique commune qui reste constante aux divers niveaux du système et, ce qui est plus important encore, il procure au travailleur social une définition précise de sa fonction. Dans les situations difficiles et complexes que nous rencontrons, il est essentiel que la fonction soit claire.

Certaines critiques du modèle de médiation ont souligné que cette délimitation de la fonction nous oblige à abandonner certaines tâches qui sont considérées comme faisant partie du développement de la profession. Bon nombre de ces tâches sont importantes et ne sont pas abandonnées de gaieté de cœur. Il convient de les étudier avec soin, face aux avantages offerts par les autres possibilités, puis de les écarter si nécessaire. Le développement d'une profession est analogue au modèle de développement de l'individu. La croissance amène à assumer de nouvelles identités, et à abandonner les anciennes. Pour l'individu, comme pour les professions, c'est là un processus des plus importants, un processus essentiel pour un renouvellement ininterrompu.

BIBLIOGRAPHIE

LIVRES :

BERNE, Eric. Games people play. New York : Grove Press Inc., 1964. Traduction française : *Des jeux et des hommes*, Paris, Stock, 1964, 1975.

ENGLISH, Spurgeon O., and PEARSONS, Gerald. Emotional problems of living. New York : W.W. Norton and Co., 1955. Traduction française : *Problèmes émotionnels de l'existence*, Paris, P.U.F., 1956.

— George Herbert Mead on social psychology. Edited by Anselm Strauss. Chicago, Illinois : University of Chicago Press, 1956.

HEARN, Gordon. Theory building in social work. Toronto : University of Toronto Press, 1958.

KNELLER, George. Existentialism and education. New York : John Wiley and Son, 1958.

MURPHY, Marjorie. The social group work method in social work education. New York : Council on Social Work Education, 1953.

PFUETZE, Paul. Self, society and existence. New York : Harper and Bros., 1954.

PIAGET, Jean. La formation du symbole chez l'enfant. Imitation, jeu et rêve. Images et représentation. Neuchâtel-Paris : Delachaux et Niestlé, 1945.

POTTER, Stephen. The theory and practice of gamesmanship. New York : Holt, Rinehart and Winston, 1948.

PREY, Kenneth. Social work in a revolutionary age. Edited by Jessie Taft. Philadelphia : University of Pennsylvania Press, 1949.

RUESCH, Jurgen. Disturbed communications. New York : W.W. Norton and Co., 1957.

SARTRE, Jean-Paul. Esquisse d'une théorie des émotions. Paris : Herman, 1960.

SZASZ, Thomas. The myth of mental illness. New York : Harper and Row, 1964. Traduction française : *Le mythe de la maladie mentale*. Payot, Paris, 1975.

WAHL, Jean .Petite histoire de l'existentialisme. Paris : Ed. Club maintenant, 1947.

Webster's New Collegiate Dictionary, Sprinfield, Mass. : G. and C. Merriam Co., 1961.

ARTICLES :

BARTLETT, Harriet. « Toward a clarification and improvement of social work practice », *Social Work* (April, 1958). pp. 3-9.

CHIN, Robert. « The utility of system models and developmental models for practitioners », in *Planning of Change.* Warren G. Bennis and Kenneth D. Benne, editors. New York : Holt, Rinehart and Winston 1964. pp. 204-208.

GOFFMAN, Erving. « Characteristics of a total institution », in *Identity and Anxiety.* Stein, Vidich and White, editors. Illinois : Free Press of Glencoe, 1960. pp. 449-479.

HEARN, Gordon. « The general system approach to the understanding of groups », *Health Education Monographs* § 14. Rye, New York : Society of Public Health Educators, 1962. pp. 14-32.

JACOBS, Joseph D. « Social action as therapy in a mental hospital », *Social Work Journal* (January, 1964). pp. 54-61.

KADUSHIN, Charles. « Shakespeare and sociology », *Columbia University Forum*, Vol. 9, N° 2 (Spring, 1966). pp. 47-53.

PAPELL, Catharine, and ROTHMAN, Beulah. « Social group work models : Possession and heritage », *Journal of Education for Social Work*, Vol. 2, N° 2 (Fall, 1966). pp. 66-77.

SCHWARTZ, William. « The social worker in the group », *Social Welfare Forum* (1961). pp. 159-172.

SHULMAN, Lawrence. « Scapegoats, group workers and the preemptive intervention », *Social Work Journal* (April, 1967). pp. 37-43.

SHULMAN, Lawrence. « A game model theory of interpersonal strategies », *Social Work Journal* (July, 1968). pp. 16-22.

SZASZ, Thomas. « The moral dilemma of psychiatry : Autonomy or heteronomy », *The American Journal of Psychiatry* (December, 1963). pp. 521-528.

TROPP, Emanual. « Group intent and group structure : Essential criteria for group work practice », *Journal of Jewish Communal Service* (Spring, 1965). pp. 229-250.

VINTER, Robert. « Analysis of treatment organizations », *Social Work Journal* (July, 1963). pp. 3-15.

DOCUMENTS NON PUBLIES :

AGUEROS, Julie. « A study of social work practice », Ph. D. thesis, New York : Columbia University, June, 1965.

BROWN, Leonard. « Social work with retardates in their social systems », Rutgers University, mimeographed, 1966.

HEARN, Gordon. « Towards a unitary conception of social work practice », paper presented at the Fourth Annual Student Social Work Conference, University of Washington, 1958.

POLSKY, Howard, and CLASTER, Daniel. « The structure and functions of adult-youth systems », paper presented at the University of Oklahoma Fifth Psychology Symposium, 1964.

SALOSHIN, Henriette. « Development of an instrument for the analysis of the soc ial group work method in therapeutic settings », Ph. D. thesis, Minneapolis : University of Minnesota, 1959.

SCHWARTZ, William. « Identification of workers responses in group situations », presented at the Group Work Session of the Conference of the National Association of Social Workers, 1958.

SCHWARTZ, William. « Some notes on the use of groups in social work practice », address delivered to the Annual Workshop for Field Instructors and Faculty, Columbia University School of Social Work, April 21, 1966.

STERLING, Stanley. « Listening : the demand and the practice », presented at the Alumni Conference, Columbia University, 1966.

Achevé d'imprimer en Octobre 1976 sur les presses de la Société d'Exploitation de l'Imprimerie Lienhart et Compagnie, à Aubenas (Ardèche). — Dépôt légal : 4ᵉ trimestre 1976 — Numéro d'édition : 971 ED 783 — Imprimé en France